NOTICE

sur

LE GOUVERNAIL DE RECHANGE

et sur les

GOUVERNAILS DE FORTUNE,

PAR

Adolphe-Joseph MANCEL,

Lieutenant de vaisseau, chevalier de l'ordre royal de la légion d'honneur.

AVEC PLANCHES.

BREST,

IMPRIMERIE DE CH. LE BLOIS, ÉDITEUR,

Rue Neptune, 10, et rue Royale, 59.

—

1845.

NOTICE

LE GOUVERNAIL DE RECHANGE

LES GOUVERNAILS DE FORTUNE.

NOTICE

SUR

LE GOUVERNAIL DE RECHANGE

et sur les

GOUVERNAILS DE FORTUNE,

PAR

Adolphe-Joseph MANCEL,

Lieutenant de vaisseau, chevalier de l'ordre royal de la Légion d'honneur.

AVEC PLANCHES.

BREST.

IMPRIMERIE DE CH. LE BLOIS, ÉDITEUR,

Rue Neptune, 10, et rue Royale, 59.

—

1845.

1846

Les exemplaires non revêtus de la signature de l'auteur seront considérés comme contrefaits, et on poursuivrait en conséquence.

A. Mémal

AVANT-PROPOS.

—

Le 25 septembre 1830, à bord de la canonnière-brick la *Bressane*, et le 27 avril 1835, à bord de la gabare la *Vigogne*, ayant perdu notre gouvernail, je fus à même d'apprécier l'utilité d'un système de gouvernail de rechange qui puisse être monté par tous les temps à la mer. Depuis ce moment, j'ai fait tous mes efforts pour parvenir à la découverte de ce système, qui manquait à la marine.

En décembre 1837 , je fus assez heureux de pouvoir soumettre, à S. Exc. Monsieur le Ministre de la Marine, un travail qui indiquait le moyen de monter à la mer, par tous les temps et avec la plus grande sécurité, un gouvernail garni de ses ferrures ; ce travail reçut son approbation.

Des expériences furent ordonnées. Elles ont été faites à bord de la *Dordogne*, dans le port de Brest, le 14 février 1838 ; en vue de Bourbon, le 25 mai 1839, et à bord de la corvette l'*Orythie*, sur la rade de Brest, à l'ancre et à la voile, le 20 et le 21 juillet 1840, ainsi que le constatent les rapports ci-joints.

Ce système de montage fut généralisé à bord de tous les navires de la flotte, par une dépêche du 4 juin 1842, et je fus envoyé dans les cinq ports maritimes pour en suivre l'application.

Comme il est indispensable que tous les marins connaissent les moyens de salut qu'offre cette Notice, je me suis décidé à la publier, afin de les initier aux avantages qu'ils peuvent retirer de ce système.

Je me suis aussi attaché à me mettre à la portée

du plus grand nombre des navigateurs, en employant les expressions généralement usitées dans le métier. Puisse le fruit de mes veilles être utile à tous les marins, ce sera pour moi la plus douce satisfaction !

DISPOSITION

DES FERRURES A L'ÉTAMBOT

ET PLACEMENT

de l'appareil pour le montage du Gouvernail de Rechange

La première ferrure se place sur la barre d'hourdy ; les deux ferrures intermédiaires se mettent, à bord des vaisseaux et des frégates, à dix centimètres au-dessous des deux et trois cinquièmes de la partie de l'étambot comprise entre la partie supérieure de la première ferrure et le dessous de la fausse-quille ; depuis les corvettes de trente-deux jusqu'aux bricks de seize compris, à huit centimètres au-dessous, et six centimètres pour les navires de rang inférieur. On complète le nombre de ferrures que comporte le navire, plus deux, qui ne servent pas au gouvernail de garniture ; on les nomme ferrures d'attente. Il faut avoir soin d'égaliser le plus possible la distance des ferrures.

Exemple. — Un navire qui a sept ferrures à l'é-tambot, la deuxième et la cinquième, en partant de la fausse-quille, sont les ferrures d'attente. (Voyez les planches 1, 2, 3, 4, 5, 6.)

Aux deux et trois cinquièmes du côté de tribord de l'étambot, on place un piton en cuivre [1], de la dimension portée au tableau ci-joint, de manière à ce que le piton supérieur ne puisse gêner les mouvements du gouvernail [2], que leur plan fasse avec la direction de l'étambot un angle de quarante-cinq degrés, et, en suivant cette direction, que la partie avant du piton supérieur corresponde

[1] On met des pitons en cuivre au lieu de pitons en fer, parce que le cuivre est moins sujet à s'oxider dans l'eau que le fer, et que généralement la carène des navires est doublée en cuivre.

[2] Pour que le piton supérieur ne puisse gêner les mouvements du gouvernail, il faut percer son emplacement aux deux tiers de son diamètre extérieur, à partir du ciseau de l'étambot. L'emplacement du piton inférieur se perce sur l'avant de cette donnée de la longueur de son diamètre. Lorsque l'étambot du navire ne permet pas de suivre ces dimensions, on s'en rapproche le plus possible ; dans tous les cas, il faut faire attention que le piton inférieur ne puisse gêner le calfatage et la râblure.

à l'arrière du piton inférieur ; du côté de babord , on place deux autres pitons, un peu au-dessus des premiers , ne laissant que ce qui est nécessaire pour les river. (Voyez la planche 1.)

Tribord et babord de la jaumière , on fait dans le mastoquin , en suivant la direction du contre-étambot, une engoujure proportionnée à la force du navire. Le but des engouyures est de faciliter la manœuvre des bras conducteurs, et de loger les chaînes conductrices des pitons de l'étambot. Sur l'arrière des engoujures , et dans le sens de leur longueur, on place un piton à fourche , pour maintenir les chaînes conductrices ; sur l'avant de ces mêmes engoujures, on place un rouleau en fonte , sur lequel repose les bras conducteurs , pour en adoucir le frottement lorsqu'on monte le gouvernail. Tribord et babord , sur le bau en avant de la jaumière, on place un piton crapaudine de manière à ce que les bras conducteurs , qui doivent passer dans des poulies doubles que l'on crochette à ces pitons, viennent passer par les portes de communication de la grande chambre et de la batterie. Dans la batterie, en face du talon de chaque poulie , un peu sur l'arrière du cabestan , on place tribord et babord deux autres pitons crapaudines , qui servent à crocheter les palans qu'on frappe sur les bras conducteurs pour présenter les ferrures. (Voyez la planche 7.)

Pour faciliter le montage du gouvernail , il faut pratiquer aux ponts supérieurs des panneaux à l'aplomb de la jaumière.

A l'extérieur, on place , tribord et babord de la jaumière , le plus près possible de l'étambot, un autre piton, pour passer les conducteurs qui servent à présenter la tète du gouvernail dans la jaumière ; on les nomme pitons conducteurs de tète.

Dans chaque piton de l'étambot, on passe une petite chaîne en cuivre, ou un bout de filin métallique , en observant que la chaîne ou le filin soit du même métal que les pitons de l'étambot; ces chaînes ou filins , qui ne servent qu'à introduire les bras conducteurs dans les pitons de l'étambot, pour de là les faire venir par la jaumière dans la batterie, ne sont proprement dits que des passeresses, que l'on nomme chaînes conductrices ou filins conducteurs. On les maintient raides le long de l'étambot, en crochetant les bouts de l'arrière, qui sont terminés par un anneau en forme de poire sur les pitons à fourche, et capelant par-dessus les bouts de l'avant, qui sont terminés par un anneau rond. On fait sur chacune un amarrage ; on les brides avec un bout de filin fourré de la force des bras de cacatois, en faisant le dormant de la bridure avec un des bouts, sur un piton à vis à bois placé verticalement contre la fesse du navire, près de l'étambot, et passant l'autre bout de dessous en dessus, dans un autre piton, aussi à vis à bois, placé horizontalement sur l'étambot ; ce bout vient passer par les engoujures, pour s'amarrer aux pitons à fourche. Une fois la braie du gouvernail en place, et les manchons des passeresses cousus, on bride le tout aux pitons des conducteurs de tête.

Les chaînes conductrices des pitons inférieurs se distinguent de celles des pitons supérieurs en ce que les premières sont logées dans le fond des engoujures, et les autres plus près de la jaumière. Lorsqu'on présente le gabarit du gouvernail, il faut marquer dessus l'emplacement du centre des pitons de l'étambot, pour être à même de placer sur le gouvernail de rechange et sur celui de garniture les pitons correspondants.

La raison pour laquelle on doit placer sur le gouvernail de garniture les pitons ci-après désignés, c'est que, 1° dans un échouage, le gouvernail peut se démonter sans être endommagé ; dans ce cas, on procède immédiatement à son montage ; 2° lorsqu'on navigue dans des parages où il y a des hauts fonds, si l'on craint de toucher, on démonte son gouvernail pour passer les bras conducteurs, et on se tient prêt à le soulager au besoin pour le faire reposer sur sa guinderesse, en le bridant à l'étambot par les bras conducteurs ; ce qui met le navire à l'abri de perdre son gouvernail, avarie qui, dans certain cas, peut entraîner sa perte.

Les engoujures doivent être garnies avec du plomb, et renfermées dans la braie du gouvernail.

Sur la mèche de chaque gouvernail, on place les pitons des bras conducteurs au-dessous des points correspondants à ceux de l'étambot, de la longueur des aiguillots, plus $0,04^{c/m}$, en mettant

le moins de distance possible entre les pitons supérieurs du gouvernail et ceux correspondants de
l'étambot. Les plans de ces pitons doivent être
perpendiculaires à ceux des pitons de l'étambot,
c'est-à-dire qu'ils font avec la direction de la mèche
un angle de quarante-cinq degrés [1], et la partie
arrière du piton supérieur doit correspondre à la
partie avant du piton inférieur, en suivant cette
direction.

Entre les pitons supérieurs de la mèche et les
boucles des sauve-gardes, on place tribord et babord, au milieu du safran, un piton dont le plan
est parallèle à la ligne d'eau; on les nomme
pitons de roulis. (Voyez la planche 1.)

Sur la tête du gouvernail, on place un étrieu
dont les branches descendent au-dessous du trou
de la barre; il est encastré dans la tête, et maintenu par deux chevilles et des vis à bois. Sur son
milieu, on fait une crapaudine, dans laquelle on
visse un piton en fer forgé, de la même dimension

---

[1] L'ouverture de l'angle que forme la direction de l'étambot avec le
plan de ces pitons doit être tournée sur l'arrière, et celle de la direction de
la mèche du gouvernail avec les pitons, sur l'avant.

que ceux de l'étambot ; on cercle la tête du gouvernail par-dessus les branches de cet étrieu ; on remplace ce piton , qu'on nomme piton de tête, par un autre de forme elliptique , muni de deux cosses ; dans le tambour de la tête du gouvernail , on place tribord et babord un piton muni d'une cosse, pour recevoir les étrieux. (Voyez planche 8.)

Lorsque les étrieux du gouvernail sont à l'intérieur , tel que l'on vient de l'indiquer , on met à l'emplacement des boucles des étrieux un piton dont le plan est parallèle à la direction de la mèche , pour faire le dormant des bras conducteurs qui , dans le cas contraire , se ferait aux boucles même des étrieux.

L'avantage du placement des étrieux du gouvernail à l'intérieur du navire est incontestable, en ce qu'il permet , lors de la perte du gouvernail , de débarrasser immédiatement la jaumière du tronçon de la mèche , condition indispensable pour le remplacer : opération toujours difficile et même impossible par un gros temps, lorsque les étrieux sont à l'extérieur. Enfin, sur l'arrière du safran , à un tiers environ du talon , on place un piton dont le plan est parallèle à la ligne d'eau, pour passer la retenue du gui.

Il résulte de cette instruction, qu'il faut, pour chaque navire : 1o six pitons en fonte de cuivre, la plus pure possible (il serait même préférable de les faire en cuivre rouge forgé), dont quatre pour les bras conducteurs, et deux pour les conducteurs de tête; ils sont à rivets;

2o Pour chaque gouvernail, il faut quatre pitons pour les bras conducteurs, deux pour les palans de roulis, deux pour le dormant des bras conducteurs, et un pour la retenue du gui; ils doivent être du même métal que ceux de l'étambot et à écroux;

3o Deux pitons à fourche en fer forgé;

4o Pour les navires à batteries couvertes, six pitons crapaudines en fer forgé, et deux seulement pour ceux à batterie barbette;

5o Un étrieu en fer forgé, muni d'une crapaudine, pour être placé sur la tête du gouvernail; un piton rond en fer forgé, de la même dimension que ceux de l'étambot, qu'on visse dans la crapaudine de cet étrieu pour monter le gouvernail ; un piton en fer forgé, de forme elliptique, muni de deux cosses, et deux autres pitons à cosse pour placer les étrieux du gouvernail ;

6° Quatre chaînes conductrices en cuivre, ayant chacune un des bouts terminé par un anneau en forme de poire, et l'autre bout par un anneau rond, ou quatre bouts de filin métallique pour servir de passeresses pour les bras conducteurs;

7° Deux poulies doubles ferrées à croc, pour conduits des bras conducteurs ;

8° Deux rouleaux en fonte de cuivre ou en bois de gaïac, sur des montants en fer forgé, pour adoucir le frottement des bras conducteurs.

Lorsque le gouvernail a la tête ronde, les engoujures doivent avoir trois fois autant de profondeur que la largeur des clans des poulies doubles, et de largeur le double ; on diminue la profondeur d'un tiers lorsque la tête est carrée.

Longueur des chaînes conductrices.

Vaisseaux de 1er, 2e et 3e rang.	Deux bouts de 15 mètres. Deux bouts de 19 mètres.
Vaisseaux de 4e rang et frégates de 1er rang. .	Deux bouts de 14 mètres. Deux bouts de 18 mètres.

Frégates de 2ᵉ et 3ᵉ rang.	Deux bouts de 15 mètres.
	Deux bouts de 16 mètres.
Corvettes à gaillards et corvettes de charge. .	Deux bouts de 12 mètres.
	Deux bouts de 14 mètres.
Corvettes sans gaillards, bricks de 20 et de 18,	Deux bouts de 11 mètres.
Gabares de 4 à 500 tonneaux, corvettes-avisos.	Deux bouts de 13 mètres.
Bricks de 16, gabar. de 350 ton. et bricks-avisos.	Deux bouts de 10 mètres.
	Deux bouts de 12 mètres.
Gabares de 250 à 500 tonneaux.	Deux bouts de 9 mètres.
	Deux bouts de 11 mètres.

Et ainsi de suite pour les bâtiments de rang inférieur.

Cet appareil, dont on vient de relater le placement, procure à la marine le gouvernail de rechange, en ce qu'il donne à un navire désemparé de son gouvernail les moyens de le remplacer immédiatement par un autre exactement semblable et muni d'un même nombre de ferrures.

La difficulté qu'on éprouve d'embarquer à bord de certains navires un gouvernail de rechange en bois plein, m'a suggéré l'idée d'en imaginer un à bordages, qui peut se loger avec la plus grande facilité ; il jouit en outre de l'avantage incontestable que, si l'on trouvait une ou plusieurs pièces avariées, lorsqu'on serait obligé de le monter, on pourrait les remplacer facilement par des bouts de bordages qu'on a toujours à sa disposition.

Un navire de guerre, lorsqu'il est armé, a le bois nécessaire à la confection de ce gouvernail; et tout navire de commerce se trouvera dans le même cas, en embarquant un jeu de ferrures, une couple de bordages et les deux pièces qui forment l'enveloppe de la mèche.

Gouvernail de rechange à bordage.

Ce gouvernail se compose : 1° de deux bordages de la longueur de la mèche ; 2° d'un bout de bordage, qui prend de la partie inférieure du trou de la barre jusqu'à la partie supérieure du safran, et d'un autre bout au-dessus pour former le trou de la barre : cette partie de la mèche est consolidée par l'étrieu de tête et par un nombre suffisant de cercles ; 3° de plusieurs bouts de bordages placés à se toucher entre ceux qui forment l'enveloppe de la mèche, et faisant avec eux un angle de trente degrés. Ces bordages sont recouverts par d'autres dans le sens de la longueur; le tout est maintenu par des chevilles à écroux ou à rivets.

On fait le long de la mèche les lanternes correspondantes aux ferrures de l'étambot. On ajuste les ferrures du gouvernail, ainsi que deux étrieux, un sur lequel sont les boucles des sauve-gardes, et sur l'autre le piton de la retenue du gui ; on place les pitons des bras conducteurs, ceux de leurs dormants, et les pitons de roulis, comme ils sont indiqués sur le gabarit. (Voyez la planche 9.)

Modification à apporter à la confection du gouvernail de rechange.

A la partie inférieure de chaque lanterne, on fait une rainure qui a pour longueur les cinq sixièmes de celle de l'aiguillot, pour profondeur celle de la lanterne, et pour largeur, une fois et demie la grosseur de l'aiguillot. Les ferrures d'attente, ne servant pas au gouvernail de garniture, sont toujours dégagées ; il est inutile de faire des rainures aux lanternes qui leur correspondent. Cette modification ne nuit en rien à la solidité du gouvernail de rechange, et permet de procéder immédiatement à son montage, en remplaçant les ferrures qui sont engagées à l'étambot par celles d'attente. (Voyez la planche 8.)

Le succès du montage du gouvernail de rechange dépend du bon état des chaînes conductrices ou passeresses. On doit donc apporter le plus grand soin à leur conservation , en les visitant toutes les fois que le temps le permet. Cette opération se fait facilement , en mariant l'anneau poire avec l'anneau rond , et en faisant courir la chaîne conductrice dans son piton. Lorsqu'on s'aperçoit de la moindre détérioration , il faut y remédier en remplaçant momentanément cette passeresse par un bout de filin. Il est donc essentiel , pour ne pas manquer de passeresses au moment de l'avarie, d'avoir à bord de tous les navires , si ce sont des chaînes qu'on a passées dans les pitons de l'étambot , quelques bouts de rechange , et si ce sont des filins métalliques , un jeu de rechange.

On peut au besoin remplacer les passeresses par du filin au quart usé , limandé et fourré ; ces passeresses ou ce filin pourraient avoir une durée de deux à trois mois.

On doit porter la plus grande attention à maintenir les passeresses raides le long de l'étambot, et bridées comme il a été dit, afin d'éviter les frottements aux partages des pitons, et pour empêcher qu'elles ne soient susceptibles de gêner les mouvements du gouvernail, lorsque le navire est en marche. La bridure faite aux pitons des conducteurs de tète est destinée à prévenir la rupture de la braie du gouvernail, dans le cas où la bridure inférieure viendrait à manquer.

Manœuvre du montage du gouvernail de rechange.

Dès que l'on s'aperçoit de la rupture du gouvernail, il faut prendre la cape, dégager l'étambot, s'assurer si quelques aiguillots ne sont pas restés dans les femelots, monter celui de rechange sur le pont, assembler les pièces et placer les ferrures.

Pendant ce temps, on prend une vergue de hune qu'on met en bataille, en aiguilletant deux poulies de guinderesse au tenon du mât d'artimon, une autre sur la vergue, au tiers environ de l'extrémité en dehors. On passe une guinderesse dans une poulie crochetée au piton de guinderesse du mât de perroquet de fougue ; on l'envoie par le trou du chat passer dans la poulie inférieure du tenon du mât, de l'avant à l'arrière ; on la **fait** passer de la même manière dans la poulie qui est sur la vergue, et dans celle placée au-dessus du tenon du mât ; le dormant se fait à l'extrémité extérieure de la vergue. Pour drisse de mât, on crochette une caliorne dans une erse baguée aux barres d'élongis et dans une autre erse baguée sur la vergue, au huitième environ de l'extrémité intérieure. Pour palan de garde, on frappe sur la vergue, au partage de la poulie de guinderesse, deux palans de bout de vergue, que l'on crochette dans des erses baguées à la vergue de brassiage et aux bossoirs de porte-manteaux. Lorsque les pantoires des deux caliornes de bas-mât, qui servent à mettre le gouvernail à la mer, ne sont pas assez longues, on les remplace par deux orins d'ancre de bossoir, qu'on bride sur la vergue en bataille, tour et autre, de manière à ce que ces pantoires puissent courir librement dans leur bridure, en observant que la verticale de la bridure de la caliorne de l'avant passe à trente ou quarante centimètres sur l'arrière du couronnement, et celle de l'arrière à un mètre environ de la première ; les dormants de ces pantoires se font au tenon du mât d'artimon, entre les deux poulies de guinderesse. Pour ne pas fatiguer ce tenon, on y place une caliorne de bas-mât, qui se crochette dans une erse baguée au grand mât, au-dessus de la draille du foc d'artimon. On frappe, à l'extrèmité intérieure de la vergue, deux palans, pour l'empêcher de rentrer en dedans ; on place la vergue de manière à ce que le gouvernail puisse basculer, et on la bride au mât.

On passe par les sabords de la grande chambre deux bout-dehors de bonnette basse ; les extrèmités en dehors sont mariées par un franc-furin. A l'extrèmité de chaque bout-dehors, on aiguillette trois palans : un pour palan de bout, qui se crochette aux boucles des sauve-gardes du gouvernail ; un autre pour servir de balancine, et le troisième de sous-barbe. On aiguillette aussi un poulie de faux-bras, dans laquelle on passe un faux-bras de basse vergue dont le dormant se fait au troisième sabord de l'arrière, et le courant revient passer par le même sabord, pour servir de bras. On les pousse dehors d'une quantité convenable ; on les bride aux pitons et aux boucles des canons de retraite, et l'on tient leur gréement.

On passe une guinderesse dans une poulie aiguilletée au gui, qui va passer par la jaumière en dehors du couronnement, pour être frappée au piton de tête du gouvernail. Le gui doit être bridé et épontillé, afin qu'il ne puisse sortir de son croissant.

Aussitôt que le gouvernail est paré, on le conduit sur la dunette, le talon en dehors (Voyez la planche 10.), et les ferrures en dessous. On crochette la caliorne de l'arrière de la vergue en bataille dans une élingue placée sur le gouvernail, pour le soulager carrément, et celle de l'avant à une erse baguée au piton de tête. On frappe une retenue venant de l'avant au trou de la barre, et l'on fait le dormant de la guinderesse qui passe par la jaumière au piton de tête. Pour bras conducteurs du gouvernail on se sert de deux écoutes de basse voile ; on fait un œil sur le milieu de chacune d'elles, pour les aiguilleter aux boucles

des sauve-gardes, ou aux pitons qui les rem-
placent, ce qui donne deux doubles de chaque
bord du safran. On passe les doubles de l'avant
dans les pitons supérieurs de la mèche, de dessus
en dessous ; on les envoie par dessus le couronnement dans la jaumière ; on les frappe sur l'anneau poire des chaînes conductrices des pitons correspondants de l'étambot ; on hâle sur les bouts de
chaînes qui ont l'anneau rond, ce qui fait passer
les bras conducteurs dans les pitons supérieurs de
l'étambot, de dessous en dessus. Les bras conducteurs des pitons inférieurs se passent de la
même manière que ceux des pitons supérieurs. [1]

Un orin d'ancre à jet sert de conducteur de tête ;
on bride son milieu sur l'arrière et au collet du
piton de tête ; on fait passer chaque bout de dessous
en dessus, dans les pitons placés tribord et babord
de la jaumière, et on les envoie dans la batterie.
Pour la retenue du gui, on prend un faux-bras
de basse vergue, on le passe dans une poulie frap-

---

[1] Pour faciliter et accélérer l'introduction des bras conducteurs dans
les pitons de l'étambot, on devra faire une gance sur chaque bout
des écoutes de basses voiles.

pée à l'extrémité du gui, puis dans le piton qui est sur l'arrière du safran, de dessus en dessous; son dormant se fait au bout du gui, en dehors de la poulie.

Étant paré partout, on soulage le gouvernail avec la caliorne de l'arrière de la vergue en bataille, de quarante à cinquante centimètres en dessus du couronnement, et l'on prend le retour du garant de cette caliorne au taquet de la grande écoute; on hâle sur le garant de la caliorne de l'avant en mollissant à la demande celui de la caliorne de l'arrière, pour faire basculer le gouvernail entre les deux bouts de dehors, puis on embrague toutes les parties de l'appareil et l'on garnit la guinderesse au cabestan. Dès que le gouvernail se trouve à l'aplomb de la caliorne de l'avant, on décrochette celle de l'arrière et l'on retire l'élingue; on crochette les palans de roulis et l'on s'assure que, dans l'appareil, il n'y a ni tour ni croix (Voyez la planche 11.); on continue d'amener la caliorne de la tête, jusqu'à ce que la tête du gouvernail puisse parer la route du navire. On l'accoste à l'étambot, en raidissant fortement les conducteurs de tête ; on coupe l'erse de la caliorne de tête. (Voyez la planche 12.) On vire sur la guinderesse , on hâle sur les bras conducteurs [1] et sur les garants des palans de roulis , en filant à la demande les conducteurs de tête , les palans de bouts et la retenue du gui. Aussitôt que les ferrures du gouvernail correspondent au-dessus de celles de l'étambot, ce qui a toujours lieu lorsque la mèche du gouvernail est accostée à l'étambot, (Voyez la planche 13.), on dévire un peu la guinderesse , on mollit la retenue du gui, les palans de bout et ceux de roulis ; par ce moyen le gouvernail est maintenu à l'étambot par les bras conducteurs ; en les mollissant, ses ferrures s'emboîtent dans celles correspondantes de l'étambot. Lorsqu'elle sont rendues , on presse le frein , on place la barre, on passe les drosses , on défrappe l'appareil , et

(1) Lorsque la tête du gouvernail est présentée à l'entrée de la jaumière , on frappe , sur les bras conducteurs, les palans qui sont crochetés aux pitons placés dans la batterie sur l'arrière du cabestan ; savoir : ceux qui sont crochetés aux pitons en abord sur les bras conducteurs des pitons inférieurs , et ceux qui sont crochetés aux pitons intermédiaires sur les bras conducteurs des pitons supérieurs , afin de faire une force convenable pour présenter les ferrures. (Voyez la planche 7.)

l'on gouverne après avoir placé une fausse braie.

Il faut passer en même temps que les bras des bouts de ligne dans les pitons de l'étambot, pour être à même de repasser les chaînes conductrices lorsque le gouvernail est monté.

Les bras conducteurs, en sortant du trou de jaumière, sont passés dans des poulies doubles crochetées aux pitons de la galerie tribord et babord ; savoir : le bras conducteur du piton supérieur dans le clan inférieur de la poulie, et celui du piton inférieur dans le clan supérieur. (Voyez la planche 7.)

Toutes les parties de l'appareil doivent travailler ensemble pendant la manœuvre.

Il est nécessaire de faire faire l'exercice de cette manœuvre pour se la familiariser, ainsi que celui de l'application de ce système de montage à toute espèce de gouvernail de fortune.

Si, lorsque l'on va exécuter la manœuvre du montage du gouvernail, on s'aperçoit qu'il n'y a pas de passeresses, soit dans les pitons supérieurs, soit dans les pitons inférieurs ; ou si, en passant les bras conducteurs, on en laissait échapper une, il ne faudrait pas pour cela retarder le montage du gouvernail ; l'opération serait plus longue , mais réussirait en employant les moyens suivants. Lorsque la tête du gouvernail est introduite dans la jaumière , et à hauteur convenable , on frappe dessus deux palans , qu'on dispose à l'avance , pour la manœuvrer de manière à la porter sur l'avant , si ce sont les bras conducteurs des pitons supérieurs qui manquent, ou sur l'arrière , si ce sont ceux des pitons inférieurs.

Il ne faut pas négliger , lorsqu'une passeresse manque, de la passer lorsque le temps le permet. La cloche à plonger de M. Touboulic, qui donne les moyens de visiter et de nettoyer la carène d'un navire , offre un moyen très facile de le faire. A défaut de la cloche à plonger , on réussirait à passer la passeresse qui manque avec une ligne de pêche et un petit plomb , que l'on conduirait au-dessus du piton , en se servant d'une gaffe , puis on le rattraperait en dessous ; une fois la ligne passée dans le piton de l'étambot, on s'en servirait pour passer la passeresse. Dans tous les cas , on trouvera bien à bord d'un navire un homme sachant assez bien plonger pour faire cette opération.

Application de ce système de montage à toute espèce de gouvernail de fortune.

Tout navire muni de l'appareil précité et qui se trouve dépourvu de ferrures, peut installer avec la plus grande facilité un gouvernail de fortune. La forme à lui donner dépend des ressources du bord, qui ne sont pas partout les mêmes ; c'est pourquoi on ne peut que généraliser la manière de les employer, laissant à chacun le soin de les confectionner.

A bord d'un navire, on a toujours à sa disposition des bordages, des pièces de mâture, des troncs de câbles, des jas d'ancre, etc., etc. ; avec ces matériaux on peut confectionner un gouvernail, quelle qu'en soit la forme. Il ne reste qu'à lui donner le plus d'action possible sur le fluide, et une grande solidité. Dans la confection du gouvernail de fortune, on fait la partie immergée du safran égale, autant que possible, à celle du gouvernail de garniture.

Confection des ferrures de fortune.

Les ferrures de fortune se composent de deux cosses baguées, propres à recevoir un filin de la force de celui des bas-haubans. Comme il y a trois pitons de chaque bord de l'étambot, un pour les conducteurs de tête et deux pour les bras conducteurs, il s'ensuit que, par ce système, un gouvernail de fortune est toujours maintenu à l'étambot par trois ferrures. (Voyez la planche 18.)

Placement des ferrures.

Pour placer ces ferrures sur le gouvernail de fortune, quelle qu'en soit la forme, on marque sur la mèche la position des pitons des bras conducteurs et ceux des conducteurs de tête, que l'on trouve sur le gabarit du gouvernail ; on estrope une des cosses à chacun de ces points, soit en perçant le safran et en faisant une rainure pour loger l'estrope, soit en faisant un cul-de-port sur chaque bout de l'estrope, et en le maintenant au safran avec de fortes crampes : cette cosse doit être placée horizontalement sur le gouvernail. Sur l'autre cosse, on estrope un double d'aussière par une étrive, en faisant passer le bout de tribord sur celui de babord. [1] Il faut garnir les aussières aux portages de l'amarrage des cosses, les limander et fourrer, depuis les cosses jusqu'à l'entrée de la jaumière. Si l'on était pressé, on coudrait des sangles sur les aussières, et l'on appliquerait au portage de l'amarrage un paillet lardé, puis on suiverait le tout.

On remplit le vide qui se trouve sur l'avant du safran du gouvernail, entre la mèche et l'étambot, par des bouts de cabrion, en ayant soin de conserver libre l'emplacement des ferrures de l'étambot.

Il se présente naturellement deux cas : le gouvernail de fortune peut avoir une barre intérieure ou une barre extérieure.

Au gouvernail de fortune, on estrope une cosse pour remplacer le piton de tête, une autre pour la retenue du gui ; enfin, si la barre est à l'in-

(1) Si l'on fait passer le bout de tribord sur celui de babord, c'est que, sur l'étambot, les pitons de babord sont plus élevés que ceux de tribord.

térieur , on estrope une cosse de plus pour suppléer aux boucles des sauve-gardes.

Manœuvre du montage des gouvernails de fortune qui ont la barre à l'intérieur.

Pendant que l'on construit le gouvernail, qu'on place ses ferrures et ses cosses , on met une vergue de hune en bataille , comme il a été dit précédemment. On frappe deux palans aux extrémités des bossoirs des porte-manteaux , pour servir de palans de bout. On passe une guinderesse dans la poulie aiguilletée sous le gui, que l'on fait venir par la jaumière en dehors du couronnement , pour être frappée à la cosse de la tête du gouvernail , et l'on place la poulie pour la retenue du gui.

Aussitôt que le gouvernail est paré , on l'envoie sur le couronnement , le talon en dehors. Au moyen des chaînes conductrices , on passe les aussières estropées sur les ferrures dans les pitons de l'étambot qui leur correspondent. On chenope les deux doubles de l'aussière estropée sur la ferrure supérieure, à l'amarrage de la cosse de la tête du gouvernail , pour lui servir de conducteurs de tête. On frappe la guinderesse à la cosse de la tête ; on crochette les palans de bout à la cosse des sauve-gardes , et l'on passe la retenue du gui. On crochette la caliorne de l'arrière de la vergue en bataille , dans une élingue disposée de manière à enlever le gouvernail carrément , et celle de l'avant ou de tête , dans une erse baguée au trou de la barre. On soulage le gouvernail avec la caliorne de l'arrière jusqu'à ce qu'il soit à quarante ou cinquante centimètres au-dessus du couronnement , et l'on prend le retour du garant de cette caliorne au taquet de la grande écoute , puis on le fait basculer , en hâlant sur le garant de la caliorne de tête et en mollissant à la demande celui de la caliorne de l'arrière. Lorsque le gouvernail se trouve à l'aplomb de la caliorne de tête , on décroche celle de l'arrière , et l'on retire l'élingue , puis on embraque toutes les parties de l'appareil , et l'on garnit la guinderesse au cabestan. On continue d'amener la caliorne de tête , jusqu'à ce que la tête du gouvernail soit un peu au-dessous de la voûte du navire.

Pour présenter la tête du gouvernail dans la jaumière, on l'accoste à l'étambot en raidissant fortement les conducteurs de tête ; on coupe l'erse de la caliorne de tête, on vire sur la guinderesse, en mollissant les conducteurs de tête, les palans de bout, la retenue du gui, et en embraquant les aussières qui passent dans les pitons des bras conducteurs de l'étambot. Lorsque la tête du gouvernail se présente dans la batterie, on coupe les chenopes des conducteurs de tête et l'on continue à virer sur la guinderesse, en ayant soin de tenir la mèche du gouvernail un peu écartée de l'étambot, pour que ses ferrures puissent parer celles de l'étambot. Aussitôt que le gouvernail est rendu à la hauteur convenable, on raidit les aussières qui passent dans les pitons des bras conducteurs, de manière à ce que les cosses fassent corps avec l'étambot, en mollissant à la demande la retenue du gui et les palans de bout ; puis l'on place la barre, on passe la drosse et l'on gouverne après avoir placé une fausse braie. (Voyez la planche 16.)

EXPOSÉ

des moyens qu'on peut employer pour confectionner un gouvernail de fortune dont la barre est à l'intérieur.

Gouvernail de fortune construit avec les bordages d'armement.

Il se construit comme celui de rechange ; toutes les pièces qui le composent se font par des traits de scie. On lui applique les ferrures de fortune, et on le met en place comme il vient d'être dit.

Gouvernail de fortune construit avec un jas d'ancre et des bordages de préceinte.

Pour faire la mèche, on assemble les deux parties du jas d'ancre par un écart ; le safran se fait avec deux bouts de bordage de préceinte. Ces pièces sont assujetties par des chevilles à rivets. De chaque bord de la mèche, on applique une jumelle pour lui donner une force suffisante ; on cercle la tête, et l'on fait le trou de barre, puis on lui applique les ferrures, et on le met en place. Lorsqu'on a des bordages, on peut border le safran. On désigne le jas d'ancre pour former la mèche, parce qu'il est généralement plus fort que les bordages de préceinte.

Gouvernail de fortune construit avec des tronçons de mâture.

Un tronçon de mât de hune fait la mèche, et le trou de la clef sert de trou de barre. On aplanit la partie arrière, pour recevoir le safran, qui se fait avec des tronçons de mâture équarris et maintenus à la mèche par des chevilles à rivets. On aplanit aussi les côtés de la mèche, afin de pouvoir border le safran. Dans le cas où la caisse du mât de hune ne serait pas attenante à la mèche, on serait obligé de cercler la tête du gouvernail, et de pratiquer le trou de la barre. Une fois qu'il est terminé, on lui applique les ferrures et on le met en place.

A défaut de mât de hune, on peut se servir, pour faire la mèche, d'un mât de perroquet, d'une vergue de hune, ou de l'espars embarqué pour bout-dehors de rechange de beaupré. Dans le cas où l'on douterait de la force de la mèche, on lui appliquerait des jumelles.

Si l'on manquait de tronçons de mâture pour former le safran, on pourrait les remplacer par des jas d'ancre, ou par des bordages de préceintes.

Gouvernail de fortune construit avec l'espars qu'on embarque pour bout-dehors de rechange de beaupré, des bout-dehors de bonnette et des bordages.

On coupe l'espars de la longueur de la mèche, on cercle le bout qui doit former la tête, et l'on fait le trou de la barre. On aplanit la partie arrière, pour recevoir le safran qui se fait avec des bout-dehors de bonnette, équarris sur deux faces et maintenus à la mèche par des chevilles à rivets. De chaque côté de la mèche, on enlève le bois nécessaire pour que l'on puisse border le safran. Si l'on doutait de la force de la mèche, on lui appliquerait des jumelles. Une fois ce gouvernail terminé, on lui applique les ferrures et on le met en place.

Les bout-dehors de bonnette peuvent être remplacés par des cabrions ou des barres de cabestan.

Si l'on n'avait pas le temps de cheviller ces pièces, on les maintiendrait par des veltures.

Gouvernail de fortune construit avec un mât de hune et des tronçons de câbles.

Le mât de hune fait la mèche, et le trou de la clef sert de trou de barre ; le safran se fait avec des tronçons de câble, qu'on lie à la mèche par des veltures. On place de chaque bord du safran des traverses en chêne ou des barres de cabestan, pour l'empêcher de trévirer.

A défaut de pièce de mâture pour former la mèche, elle pourrait se faire avec un tronçon de câble comprimé entre deux bordages.

Une fois que le gouvernail est terminé, on le met en place.

Manœuvre du montage des gouvernails de fortune qui ont la barre à l'extérieur.

Pendant que l'on construit le gouvernail, on

place de chaque bord du navire, en avant du sabord qui se trouve par le travers de la roue, un tangon que l'on maintient au moyen de deux bras, une balancine et une sous-barbe. A l'extrèmité de chaque tangon, on estrope une poulie pour passer les drosses que l'on garnit à la roue. On aiguillette une poulie de guinde-resse au tenon du mât d'artimon, pour passer une guinderesse qui sert à contretenir le gouver-nail, lorsqu'on l'envoie à la mer, et à l'embar-quer au besoin. On aiguillette aussi la poulie pour la retenue du gui, et l'on frappe à l'extrèmité de chaque bossoir de porte-manteau un palan pour servir de palan de bout. Dès qu'on est paré, on envoie le gouvernail sur le couronnement, le ta-lon en dehors. Au moyen des chaînes conduc-trices, on passe les aussières estropées sur les ferrures de fortune dans les pitons de l'étambot. On passe la retenue du gui et l'on crochette les pa-lans de bout. Dans les poulies aiguilletées aux extrê-mités des tangons et dans celles qui sont aiguilletées à la barre, on passe les drosses de dedans en dehors. A la cosse de la tête du gouvernail, on frappe la guinderesse passant par la jaumière qui sert à soutenir son poids ; quant à celle venant du tenon du mât d'artimon, à la jonction de la barre et du safran , on la bride à l'amarrage de la cosse de la tête. Ces dispositions prises, on envoie le gouvernail à la mer, en le contretenant avec la guinderesse venant du tenon du mât d'artimon, et en embraquant la guinderesse de la tête, ainsi que les aussières, jusqu'à ce que les cosses fassent corps avec l'étambot ; on file à la demande les palans de bout et la retenue du gui qui, dans ce cas, doit être de la force des galhaubans de hune, et on laisse ces palans dessus pour servir de sauve-gardes, puis l'on gouverne, après avoir assujetti le gouvernail et égalisé les drosses. (Voyez la planche 17.)

Pour passer les drosses du gouvernail, si l'on n'avait pas les tangons ci-dessus désignés, on les passerait aux extrémités d'une vergue de hune ou d'un espars placé en travers sur l'arrière du grand mât. Si l'on conseille l'emploie des tangons, c'est qu'ils ont l'avantage de moins encombrer le navire, et celui de pouvoir garnir les drosses à la roue.

Gouvernail de fortune dont la barre est à l'ex-
térieur.

Tous les matériaux déjà cités peuvent servir à la confection d'un gouvernail de fortune dont la barre est à l'extérieur. La seule différence qui existe entre les gouvernails qui ont la barre à l'intérieur et ceux qui l'ont à l'extérieur, c'est que la mèche de ces derniers se termine à l'entrée de la jaumière. On peut encore adjoindre à ces matériaux des grelins et des affûts de canon.

Nous allons en donner de trois sortes, quantité suffisante pour être à même d'en construire un plus grand nombre.

Gouvernail de fortune construit avec les bordages
d'armement.

On trace un secteur de cercle, d'une surface égale à la partie immergée du gouvernail de garniture, avec un rayon d'environ les quatre cinquièmes de l'étambot. On couvre ce tracé par deux plans de bordages cloués solidement, et placés dans le sens de chacun des rayons. On met de .chaque bord cinq bordages : le premier , à la base du secteur ; le second , partant du sommet au milieu de la base ; le troisième et le quatrième , placés perpendiculairement au rayon qui doit servir de partie d'avant au safran , et correspondant aux pitons des bras conducteurs ; le cinquième se place sur l'autre rayon , faisant avec lui un angle de quarante-cinq degrés , pour servir de barre. On fait une échancrure au sommet de ce secteur , puis on lui applique la cosse de la tête et ses ferrures , et on le met en place.

Gouvernail de fortune construit avec des tronçons de câble.

On coupe de longueur un nombre suffisant de tronçons de câble pour former le safran , et on les marie solidement au moyen de veltures. On place quelques traverses pour les empêcher de trévirer. On applique à ce gouvernail une barre , soit avec deux barres de cabestan , soit avec deux cabrions en chêne ; on place ensuite la cosse de la tête , ainsi que les ferrures , et on le met en place.

Gouvernail de fortune construit avec des panneaux.

On assemble deux panneaux , les gardes en dehors , auxquels on donne autant que possible la forme du safran du gouvernail de garniture ; on place des gardes aux portages des pitons de l'étambot , et la barre se fait avec deux barres de cabestan ou deux cabrions en chêne. Ces pièces sont maintenues par des chevilles à rivets , ou par des veltures ; puis on lui applique la cosse de la tête et ses ferrures , et on le met en place.

Si deux panneaux ne suffisaient pas pour former le safran , on en augmenterait le nombre.

Pour les gouvernails de fortune , l'avantage de ce système est incontestable, en ce qu'il les ramène tous dans la direction de l'étambot, position la plus avantageuse pour faire évoluer convenablement le navire. Il supprime les gouvernails de traîne dont l'emploi est souvent défectueux le long d'une côte, et il dispense de l'obligation de surcharger le gouvernail de fortune du poids qui était nécessaire pour le maintenir dans une position verticale. De plus , la promptitude avec laquelle on peut construire un gouvernail de fortune , et le peu de temps que l'on emploie pour le mettre en place et le consolider , mettent un navire qui a perdu son gouvernail à l'abri de tous les dangers qui peuvent résulter de cette avarie.

PIÈCES JUSTIFICATIVES.

DÉPÊCHES,

RAPPORTS ET LETTRES

Relatifs au Gouvernail de rechange.

Paris, le 30 décembre 1837.

Monsieur, j'ai renvoyé à l'examen du conseil des travaux de la marine, le projet de gouvernail de fortune que vous avez imaginé, et dont vous m'avez donné la description dans vos lettres des 27 novembre dernier et 4 de ce mois.

Ce conseil a reconnu que votre appareil n'est point, à proprement parler, un gouvernail de fortune dont on pourrait faire usage immédiatement, en cas d'accident; mais qu'on doit plutôt le considérer comme un gouvernail de rechange qui ne présente dans sa construction rien d'extraordinaire.

Toutefois, le moyen que vous avez indiqué pour accoster le gouvernail à l'étambot, quand il s'agit de le mettre en place, a paru devoir être signalé, sinon comme ayant le caractère d'une invention, du moins comme pouvant faciliter cette opération souvent si pénible à la mer ; et, d'après l'avis du conseil des travaux, j'ai décidé que cette manœuvre serait essayée au port de Brest.

En donnant avis de cette disposition à M. le préfet du deuxième arrondissement maritime, je le préviens qu'il recevra de vous toutes les indications nécessaires pour assurer le succès des expériences dont il s'agit.

Recevez, Monsieur, l'assurance de ma parfaite considération.

Le vice-amiral, ministre de la marine et des colonies,

Signé : **ROSAMEL**.

RAPPORT *de la commission chargée d'examiner les moyens donnés par* M. Mancel (Adolphe-Joseph), *pour monter un gouvernail de rechange.*

———

En vertu des ordres de M. le préfet maritime , la commission nommée par M. le directeur des mouvements du port , et composée de MM. Ménétrier, sous-directeur, président ; Baudais et Doret , lieutenants de vaisseau , membres , s'est rendue , dans la matinée du 15 courant, à bord de la corvette la *Dordogne* , afin d'y examiner avec soin les avantages que propose M. Mancel (Adolphe-Joseph) , enseigne de vaisseau , pour monter avec facilité un gouvernail de rechange. L'expérience qui en a été faite dans le port et sous les yeux de la commission a complètement réussi, c'est-à-dire que les quatre faux-bras passés dans les pitons de l'étambot et du gouvernail , l'ont parfaitement accosté pour l'introduction des aiguillots ; de là on pourrait conclure la supériorité de cette propo-

sition pour cette opération sur le système Dusseuil , par la suppression des grelins d'arrêt , et
de l'énorme ferrure d'embranchement qui serait
réglementairement remplacée par une ferrure d'attente fixée au talon de l'étambot , et une correspondant au gouvernail , ce qui existe déjà sur plusieurs navires du port de Brest.

Il se présente pourtant, dans l'installation MANCEL,
des incidents que la commission croit devoir relater : quatre pitons traversant l'étambot et dimi-
nuant peut-être un peu la solidité , quatre autres
correspondants, traversant également la mèche du
gouvernail , et deux engoujures pratiquées dans la
jaumière servant de conduite aux faux-bras. Malgré
ces incidents , la commission pense que ce dernier
système doit prévaloir sur le premier , si les expériences faites à la mer correspondent à celles
faites au port de Brest. Elle croit donc devoir
proposer, que le bâtiment où sera embarqué M. MAN-
CEL soit installé de manière à pouvoir mettre à
exécution son projet, par un temps et une mer
qui ne laisseraient plus de doute sur les résultats ;
alors la ferrure Dusseuil serait donnée à l'arme-

ment, en cas de perte du second gouvernail, pour être appliquée sur les moyens du bord.

Brest, le 18 février 1838.

Les membres de la commission :

Signé : A. BAUDAIS.
DORET.

Le capitaine de corvette, président,
Signé : MÉNÉTRIER.

———

Paris, le 14 mars 1838.

Monsieur le préfet, j'ai reçu, avec votre lettre du 28 février dernier, le rapport que vous a remis la commission chargée, aux termes de ma dépêche du 30 décembre, d'examiner le nouveau gouvernail de fortune proposé par M. MANCEL, enseigne de vaisseau.

L'essai de ce gouvernail a été fait sur la corvette de charge la *Dordogne*, dans le port, en présence de la commission qui, tout en émettant un avis favorable sur le système dont il s'agit, a pensé cependant que l'expérience ne saurait en être faite complètement qu'à la mer.

La *Dordogne* devant être armée en remplacement de la *Nièvre*, je vous prie de donner des ordres pour que le gouvernail de M. Mancel soit monté à bord de ce bâtiment et essayé à la mer pendant la campagne qu'il doit entreprendre.

Vous voudrez bien me rendre compte des dispositions que vous aurez prises à cet égard.

Signé : **ROSAMEL**.

Paris, le 22 mars 1858.

Monsieur le Préfet,

Par une dépêche du 14 de ce mois, timbrée *Ports*, je vous ai prescrit de donner des ordres pour que le gouvernail de l'invention de M. Mancel, enseigne de vaisseau, fût monté à bord de la *Dordogne*, et essayé à la mer, pendant la campagne que ce bâtiment va entreprendre. Je vous annonce aujourd'hui que j'ai accueilli la demande que M. MANCEL a faite d'être embarqué sur la *Dordogne*, et je vous prie de lui faire suivre cette destination.

Signé : ROSAMEL.

Note du ministre :
Cet officier sera débarqué après l'expérience.

Pour copie :
Le vice-amiral, préfet maritime,
Signé : GRIVEL.

Pour ampliation :
Le major-général, par intérim,
Signé : ALLARY.

Saint-Denis, île Bourbon, le 20 juin 1839.

La commission nommée par ordre de Monsieur le vice-amiral préfet maritime de Brest, pour examiner à la mer l'appareil de M. MANCEL (Adolphe), enseigne de vaisseau, embarqué sur la corvette de charge la *Dordogne*, a l'honneur de lui rendre compte de cette opération. La dépêche ministérielle qui prescrit cette expérience porte, dans une annotation de M. le préfet maritime, que le gouvernail de fortune inventé par M. MANCEL n'existant pas à bord de la *Dordogne*, ce bâtiment n'est appelé qu'à expérimenter l'appareil de montage sur un gouvernail de rechange. En conséquence, la commission a été unanime à penser que le gouvernail de garniture, disposé pour le mode de montage proposé, étant d'ailleurs exactement semblable au gouvernail de rechange par sa construction et n'en différant que par un poids plus considérable, remplissait toutes les conditions propres à rendre l'expérience concluante, et qu'en faisant l'opération sur ce gouvernail, on se conformerait aux intentions de M. le préfet maritime.

Le 25 mai, au matin, la corvette se trouvant dans le S.-S.-O. de l'île Bourbon, à environ six milles de terre, on procéda au placement de l'appareil et au démontage du gouvernail.

La mer était assez houleuse, la brise fraîche et par fortes rafales qui ne permettaient pas de

porter les huniers à moins de deux ris ; le navire se tenait en travers , babord amures , sous
le grand hunier et le perroquet de fougue à deux
ris , le foc d'artimon et le petit foc ; il pouvait
avoir un sillage moyen de deux nœuds cinq di-
xièmes. Cette première opération du démontage
fut longue , d'abord en raison des précautions
qu'exigeait l'état de la mer , puis à cause de la
difficulté qu'on éprouva à déclouer la braie et
enlever la barre qui était rivée à l'extérieur.

L'appareil pour mettre dehors le gouvernail se
composait d'un espars de la force d'une vergue
de hune, mis en bataille sur le mât d'artimon ,
auquel il était maintenu par une portugaise de
douze à quinze tours ; un grelin lui servait de
maroquin , deux caliornes de braguet de palans
de garde , et deux forts palans , de palans de
bout. La caliorne d'appareil avait pour pendeur
un grelin en double , faisant dormant au ton du
mât d'artimon, et bridé sur l'espars à environ
un cinquième de son extrêmité extérieure, de manière que la verticale partant de cette bridure vînt
passer à dix-huit pouces sur l'arrière du couron-

nement. La poulie inférieure de cette caliorne était crochée sur une erse passée dans le trou de barre. Au moyen des palans de garde, l'extrémité de l'espars était hâlée un peu du côté du vent, afin que le gouvernail ne fût pas porté sous le vent par l'inclinaison du navire. Pour maintenir le gouvernail contre les mouvements du roulis et du tangage, deux bout-dehors étaient poussés d'environ quinze pieds par les sabords de l'arrière; chacun d'eux était assujetti en dedans par une bridure sur le piton de brague du sabord, et la caisse était pareillement bridée à une boucle du pont de la grande chambre. A l'extérieur, quatre palans leur servaient de haubans, de balancines et de sous-barbe. Deux autres palans étaient frappés sur chacun d'eux et crochetés aux boucles de sauve-garde du gouvernail, pour le contretenir. Sur le piton de la tête était frappée une guinderesse, qui remontait par le trou de jaumière et par le petit panneau pratiqué au pont supérieur, directement au-dessus, et passait dans une poulie aiguilletée sous le gui, dans la même direction verticale; de là cette guinderesse passant, dans une autre poulie de retour en abord , allait se garnir au cabestan du pont.

A midi trente minutes, le gouvernail se trouvant amené derrière sur sa caliorne , la tête à environ quatre pieds au-dessus du couronnement, et maintenu par les palans de moustache frappés sur les bout-dehors, le commandant donna à M. MANCEL l'ordre de passer son appareil et de monter le gouvernail.

Le système de M. MANCEL a pour base huit pitons placés à l'étambot et à la mèche , qui servent à faire passer des bras conducteurs destinés à accoster le gouvernail et à faire présenter les ferrures. Les quatre premiers pitons sont placés sur l'étambot, tribord et babord , un peu au-dessus de la troisième et de la quatrième ferrure; ils font un angle de quarante-cinq degrés avec la direction de l'étambot , et les deux pitons inférieurs sont disposés de telle sorte que leur partie arrière corresponde à la partie avant des pitons supérieurs, afin que les bouts de filin qu'ils doivent conduire ne puissent s'engager. Sur la mèche, tribord et babord des lanternes de la troisième et de la quatrième ferrure, sont quatre autres pitons correspondants, mais inversement placés, c'est-à-dire qu'ils sont inclinés à quarante-cinq degrés sur la direction de la mèche et dans un plan perpendiculaire au plan des pitons de l'étambot, et que les deux pitons inférieurs sont un peu en arrière des supérieurs. Dans chacun des pitons de l'étambot est passée une chaîne en cuivre dont les deux bouts rentrent par deux engoujures pratiquées latéralement au trou de jaumière, et sont saisis en dedans à un piton à fourche placé de chaque bord, le bout de l'arrière étant croché le premier, et le bout de l'avant saisi par dessus. Comme le bout de l'arrière est celui sur lequel on doit frapper le bras conducteur, il était important de pouvoir le distinguer sûrement du bout de l'avant; dans ce but, on a terminé le bout de l'arrière par un anneau en forme de poire, et le bout de l'avant par un anneau rond. On reconnaît aussi la chaîne du piton supérieur de celle du piton inférieur, en ce que cette dernière est logée dans le fond de l'engoujure, et l'autre plus près du trou de jaumière.

M. Mancel fit frapper deux amures de basse-
voile de chaque bord sur les boucles d'étrieux du
gouvernail ; chacune de ces amures venait passer
de l'arrière à l'avant, dans un piton de la mèche ,
puis le bout renvoyé par la jaumière fut frappé
sur le bout de l'arrière de la chaîne du piton correspondant. En même temps, on eut soin
de frapper aussi sur chaque chaîne un bout de
ligne qui, de cette manière , devait passer seulement dans le piton de l'étambot et servir à mettre
les chaînes en place, une fois l'expérience terminée.

Cela fait, on embraqua les quatre chaînes en dedans de la grande chambre, ce qui fit passer,
de l'arrière à l'avant , par les pitons de l'étambot,
les quatre bras conducteurs qui étaient déjà passés
dans les pitons correspondants du gouvernail ; en
même temps, les lignes qu'on avait frappées sur
les chaînes prirent la place de celles-ci, et furent
saisies en dedans aux pitons à fourche. Les bras
conducteurs , en sortant du trou de jaumière ,
portaient sur deux rouleaux en cuivre et de là
allaient passer dans deux poulies doubles crochées

tribord et babord dans la galerie ; le bras des pitons inférieurs passait dans le clan supérieur de la poulie, et le bras des pitons supérieurs dans le clan inférieur. Alors on amena la caliorne d'appareil en virant en même temps sur la guinderesse. Une fois la tête du gouvernail amenée à l'entrée de la jaumière, on décrocha la caliorne, on dépassa l'erse du trou de barre, et l'on continua à virer sur la guinderesse, en contretenant toujours les palans des bout-dehors, pour empêcher le gouvernail de venir aborder brusquement l'étambot. Quand la tête du gouvernail eut dépassé le pont de la batterie, on embraqua à la fois tous les bras conducteurs, en filant à la demande les palans de retenue ; de cette manière, le gouvernail s'accosta sans secousse à l'étambot, et l'on continua à virer sur la guinderesse et à embraquer les bras conducteurs, jusqu'à ce que les ferrures fussent présentées, ce dont on put s'apercevoir au mouvement en arrière de la tête du gouvernail, qui indiquait que les femelots rentraient dans les lanternes correspondantes de la mèche ; d'ailleurs, un homme, suspendu en dehors sur une chaise , veillait les deux premières ferrures. En ce moment, d'après la disposition des pitons de M. Mancel , l'extrêmité inférieure des aiguillots devait être au plus à dix-huit lignes au-dessus des femelots.

Alors la guinderesse fut amenée, et le gouvernail se trouva parfaitement reposé sur ses ferrures. La barre fut aussitôt mise en place, une fausse braie clouée, et peu d'instants après la corvette était en état de faire route.

A une heure cinq minutes tout était terminé. Toute la partie de l'appareil exécutée par les moyens de M. Mancel n'avait duré que trente-cinq minutes, dont trente au moins avaient été employées à passer les bras conducteurs, car il avait fallu les disposer l'un après l'autre, à cause de la grande attention que l'on doit apporter à ce qu'ils ne fassent ni tour ni croix; aussi, pour faciliter ce passage des bras , il convient que le gouvernail soit soulagé de telle sorte que les pitons se trouvent à la hauteur des deux sabords de l'arrière.

La commission a remarqué qu'au moment où les bras conducteurs accostaient le gouvernail à l'étambot, le navire était incliné sous une forte raffale, et la mer plus dure qu'au commencement de l'opération; cependant, il n'y a pas eu la moindre secousse, et les ferrures se sont crochées avec la plus grande promptitude.

En conséquence, la commission reconnaît que l'appareil inventé par M. Mancel (Adolphe), pour monter un gouvernail à la mer, peut être employé avec la plus grande sécurité dans des circonstances où l'on ne pourrait même songer à user d'aucun des autres moyens connus; et de plus, que la quête de l'étambot de certains navires, qui offrait un très grand obstacle à tous les systèmes de montages adoptés jusqu'à présent, devient tout-à-fait indifférente par la disposition de ce nouvel appareil, ce qui lui donne sur tous les autres une incontestable supériorité.

Fait à bord de la *Dordogne* , le 29 mai 1839.

Les membres de la commission :

Signé : R. DE CORNULIER , J. FRILLET , DE RULHIÈRE , *enseignes de vaisseau.*

Le capitaine de la corvette , signé : FILHOL-CAMAS.

Pour copie conforme :
Le commissaire-ordonnateur , signé : A. M. BÉDIER.

Paris, le 14 mars 1840,

Monsieur le préfet, au moment où je recevais la lettre que vous m'avez fait l'honneur de m'adresser, le 5 de ce mois, au sujet du moyen d'installation des gouvernails de rechange, imaginés par M. Mancel, lieutenant de vaisseau, le conseil des travaux de la marine venait de délibérer sur cette invention, en exprimant l'avis que les essais qui en ont été faits sur la *Dordogne*, et dont les résultats ont été satisfaisants, fussent répétés plusieurs fois, soit sur ce bâtiment, soit sur tout autre, et, autant que possible, sous la surveillance de cet officier.

D'après cet avis, que j'approuve, il n'est pas nécessaire que M. Mancel soit appelé à Paris pour indiquer les perfectionnements qu'il a depuis apportés à son installation, et dont vous pourrez l'autoriser à faire l'application lors des nouveaux essais qui auront lieu, en lui recommandant d'en rendre compte.

Je fais prendre bonne note du service que cet

officier a rendu à la marine, et je vous prie de
le lui faire connaître, en lui exprimant ma satisfaction.

Signé : Bon **ROUSSIN.**

Pour copie :
Le vice-amiral, préfet maritime.
Signé : J. **GRIVEL.**

RAPPORT *de la commission chargée de suivre, à bord de la corvette l'Orythie, les expériences faites du système de* **M. MANCEL** *, lieutenant de vaisseau, pour monter un gouvernail.*

———

La commission nommée par monsieur le vice-amiral préfet maritime, le 25 mai 1840, pour suivre les expériences à faire du système de M. MANCEL, lieutenant de vaisseau, pour monter un un gouvernail ordinaire, s'est réunie à bord de la corvette l'*Orythie*, le 20 juillet 1840, à une heure de l'après-midi.

Le gouvernail a été démonté en employant les procédés habituels ; ensuite, au moyen d'une caliorne établie à l'aplomb convenable, sur le gui mis en bataille sur le mât d'artimon, il a été soulagé en arrière du couronnement, de manière à présenter hors de l'eau les pitons inférieurs destinés à recevoir les bras conducteurs ; il était aussi maintenu dans cette position par deux palans frappés sur les bossoirs de porte-manteaux.

C'est à ce moment qu'a commencé l'application du système de M. Mancel : deux écoutes de grande voile ont été aiguilletées en double sur les boucles d'étrieux du gouvernail ; chacun des quatre bouts de ces écoutes a été passé dans un des pitons placés sur la mèche et a ensuite été conduit dans le piton correspondant de l'étambot, au moyen des quatre petites chaînes, sur le bout desquelles on les a aiguilletés. Cette opération, à laquelle il est bon d'apporter beaucoup de soin, étant terminée, le gouvernail a été présenté de nouveau ; deux bras conducteurs, frappés sur le piton de tête, et passant dans deux autres pitons en dessous et à l'entrée du trou de jaumière, pour revenir ensuite dans ce trou de jaumière, ont beaucoup facilité ce travail. Les quatre principaux bras conducteurs ont été d'abord embraqués et ensuite bien raidis. On a amené le gouvernail, qui s'est trouvé monté sans aucune difficulté. A trois reprises différentes, la même opération a parfaitement réussi et la commission était de retour à bord de l'*Orion* à trois heures et demie.

Le 21 juillet, la commission s'est de nouveau

rendue à bord de l'*Orythie*, afin de faire sous voile les expériences faites la veille à l'ancre.

A onze heures du matin, la brise étant fraîche de la partie du ouest, la mer un peu clapoteuse, le courant de jusant se faisant sentir assez fortement, la corvette étant tribord amures sous les huniers et le grand foc, à petite distance dans l'est de la Cormorandière, filant de un nœud et demi à deux nœuds, le petit hunier sur le mât, les apparaux étant restés disposés comme la veille, nous avons à trois reprises différentes démonté et remonté le gouvernail ; cette manœuvre s'est exécutée la première fois en quinze minutes, la seconde en cinq minutes quinze secondes, et la troisième en deux minutes vingt-cinq secondes. La commission a observé que le courant agissant fortement sur le gouvernail démonté, le portait au vent et augmentait ainsi les difficultés de l'opération, qui n'en a pas moins bien réussi, les bras conducteurs le rappelant toujours facilement à la position convenable pour que les ferrures se correspondent de manière à bien s'engrener.

Après ces expériences et l'examen approfondi du

système proposé, la commission pense qu'il a sur tous les moyens employés jusqu'à ce jour, pour le montage d'un gouvernail, l'avantage de présenter beaucoup plus de facilité et de promptitude dans l'opération, et moins de chances d'avaries dans l'exécution.

Rade de Brest, à bord du vaisseau l'Orion, le 24 juillet 1840.

Les membres de la commission :

Signé : **MASSON** , *lieutenant de vaisseau,*
LE CALLOCH ,   *idem.*

Pour copie conforme :
Le capitaine de corvette , président ,
Signé : **DE KERSAUSON.**

A M. MANCEL.

Paris, le 11 juin 1842.

Monsieur, j'ai renvoyé à l'examen du conseil des travaux de la marine les propositions que vous m'avez adressées le **28** avril dernier, sur l'installation des gouvernails, et qui consistent :

1° Dans une manœuvre particulière propre au montage du gouvernail à la mer, sans arrêter la marche du bâtiment, et sans être gêné ni par l'inclinaison du navire, ni par l'agitation de la mer ;

2° Dans la présentation d'un modèle de gouvernail de fortune composé d'un assortiment spécial de bordages assemblés au moyen de boulons confectionnés d'avance.

D'après les résultats satisfaisants des essais auxquels a déjà été soumis votre système de montage des gouvernails à la mer, le conseil des travaux a reconnu que son application offrirait désormais un moyen simple et excellent d'exécuter une manœuvre regardée jusqu'à présent comme difficile.

En ce qui concerne l'adoption du gouvernail de rechange composé de pièces séparées, ce procédé, ainsi que vous l'avez jugé vous-même, ne pourrait être utile qu'à bord des bricks-avisos de dix bouches à feu, et des bâtiments de rangs inférieurs, qui ne peuvent prendre un gouvernail de rechange tout confectionné. Peut-être même serait-il difficile d'ajuster à bord , au moment du besoin , les ferrures de cet appareil avec assez de précision pour qu'elles se rapportassent exactement avec celles de l'étambot.

Toutefois , cette question ne peut-être résolue que par l'expérience , et, d'après l'avis du conseil des travaux, j'ai pris la décision suivante , sur les deux propositions que vous m'avez soumises :

1º La manœuvre et l'installation indiquées pour le montage des gouvernails seront généralisées à bord des bâtiments de la flotte , par l'addition des chaînes conductrices et des pitons nécessaires sur l'étambot et sur le gouvernail ;

2º Il sera fait un essai du gouvernail de rechange composé de pièces séparées , mais sur un petit bâtiment seulement , et après qu'on se sera assuré de la possibilité d'ajuster les ferrures sur la mèche de ce gouvernail , assez exactement pour pour qu'elles se rapportent à celles de l'étambot.

Les dispositions qui précèdent devront être mises à exécution à Toulon. J'ai décidé que vous vous rendriez en ce port afin d'y suivre l'installation de votre appareil , qui devra être exécuté d'après vos indications. J'écris à ce sujet à M. le préfet maritime du 5e arrondissement , en lui donnant avis de votre prochaine arrivée dans cet arsenal.

Recevez , Monsieur , l'assurance de ma parfaite considération.

Le ministre secrétaire d'état de la marine et des colonies ,

Signé : Amiral **DUPERRÉ;**

—

A M. MANCEL..

Paris, le 6 mars 1845.

Monsieur , la manœuvre que vous avez imaginée pour faciliter le montage du gouvernail à la mer, ayant été généralisée à bord des bâtiments de la flotte , j'ai décidé que vous vous rendriez immédiatement à Brest pour suivre l'application de ce système, et compléter, s'il était nécessaire, les instructions qui ont été adressées à ce sujet.

Je donne avis de cette disposition à M. le préfet maritime du 2ᵉ arrondissement.

Recevez, Monsieur, l'assurance de ma parfaite considération.

Le ministre secrétaire d'état de la marine et des colonies ,

Signé : Amiral **ROUSSIN.**

———

À M. MANGEL.

Paris , le 26 décembre 1845.

Monsieur, j'ai décidé, sur la proposition qui m'en a été faite , qu'il serait donné suite à la décision prise par M. l'amiral DUPERRÉ , le 4 juin 1842, relativement à votre envoi dans tous les ports, pour y surveiller l'installation de votre système de manœuvre et de montage des gouvernails des bâtiments à la mer.

Vous voudrez bien , en conséquence, vous rendre successivement dans les ports de Rochefort, Lo-

rient et-Cherbourg, où vous aurez à faire connaître vos procédés dans tous leurs détails, de
telle manière qu'on puisse plus tard en faire facilement l'application.

J'informe de cette disposition MM. les préfets
maritimes de ces trois ports.

Recevez, Monsieur, l'assurance de ma parfaite
considération.

Le vice-amiral, pair de France, ministre secrétaire
d'état de la marine et des colonies,

Signé : E^{on} de **MACKAU**.

———

Le commandant de la frégate la *Gloire* certifie
que, pendant la campagne, les chaînes conductrices
du gouvernail MANCEL n'ont ni endommagé la braie
ni gêné le mouvement dudit gouvernail.

Bord, le 4 février 1841.

Le capitaine de vaisseau commandant,

Signé : **FAURÉ**.

Je, soussigné, capitaine de vaisseau, ayant commandé la frégate de S. M. la *Néréide*, certifie qu'ayant fait installer le gouvernail de cette frégate d'après le système de M. le lieutenant de vaisseau Mancel, j'ai eu l'occasion d'en faire usage dans les diverses sorties que j'ai faites hors de la rade de Brest, où j'ai exécuté des évolutions nombreuses. Le gouvernail, garni de ses chaînes passeresses, a constamment bien fonctionné et je n'ai pas remarqué la moindre gène dans son action.

Brest, le 25 septembre 1841.

Signé : **ALLARY.**

Brest, le 21 novembre 1841.

Monsieur,

Conformément au désir que vous m'avez exprimé, de connaître mon opinion sur les chaînes appliquées à l'étambot du d'*Assas*, pour faciliter le changement du gouvernail à la mer, j'ai l'honneur de vous informer que, malgré les mauvais temps épouvés par ce brick, elles n'ont pas été dérangées un seul instant de leur position. J'ajouterai qu'elles ne me paraissent pas avoir nui à la marche du bâtiment ni à la faculté qu'il a de bien gouverner. Je pense donc qu'aucune objection sérieuse ne peut être faite à votre invention, et je me trouve heureux d'être un des premiers à lui rendre hommage.

Veuillez recevoir, Monsieur, l'assurance des sentiments distingués

de votre très humble serviteur,

Signé : **A. FABRE**,

capitaine de corvette commandant le d'Assas.

Je, soussigné, certifie que les chaînes conductrices pour manœuvrer le gouvernail de rechange sont en place à bord de la frégate la *Danaé*,

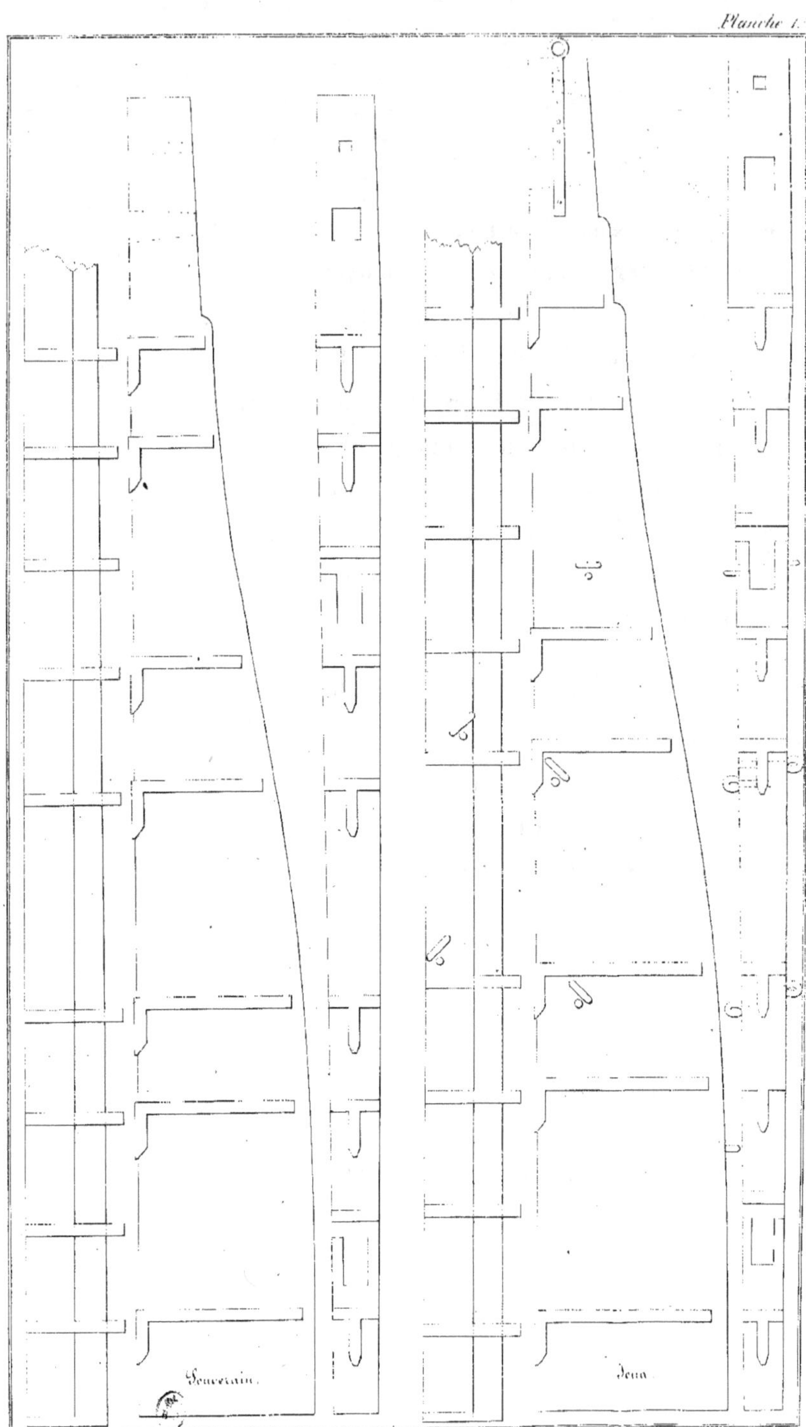
Souverain.
deux

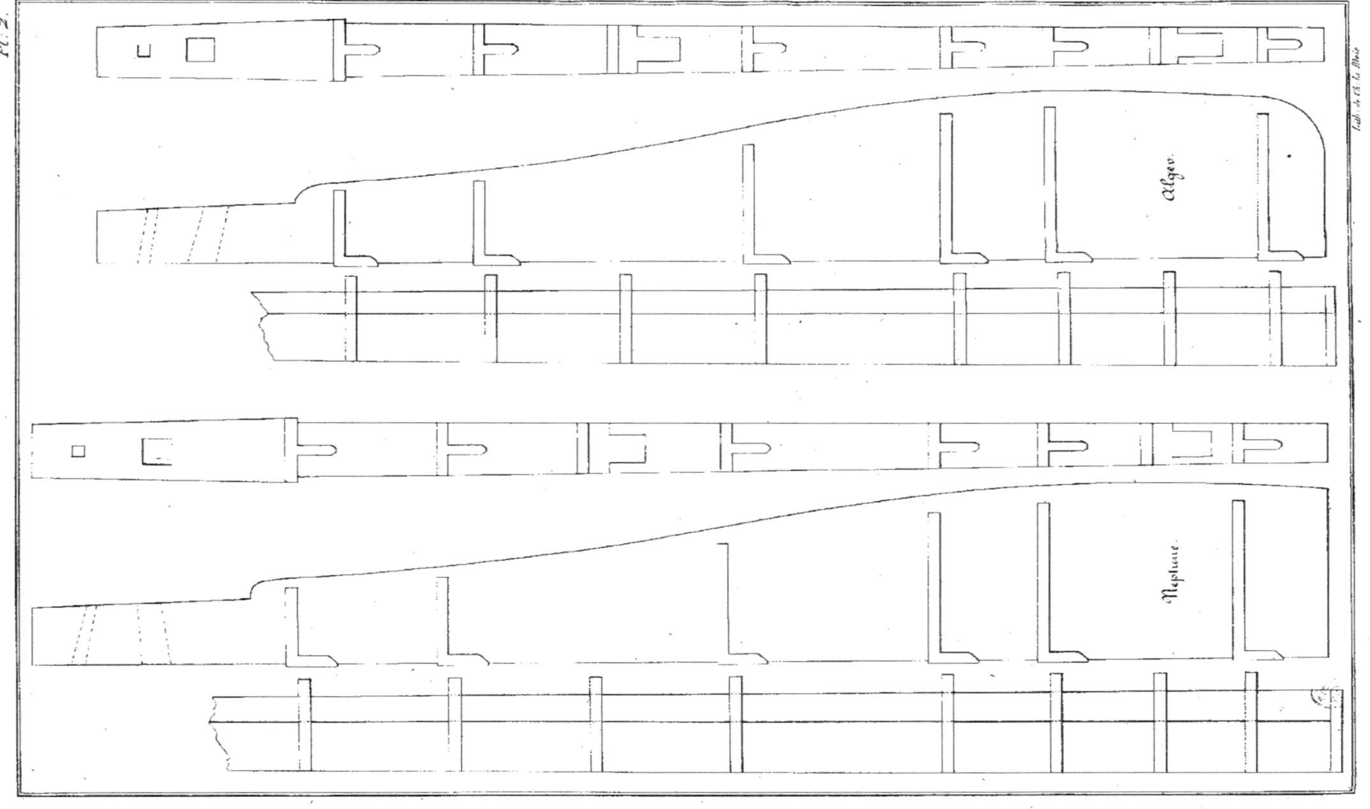

Neptune.
Alger.
Lith. de Ch. Le Blois

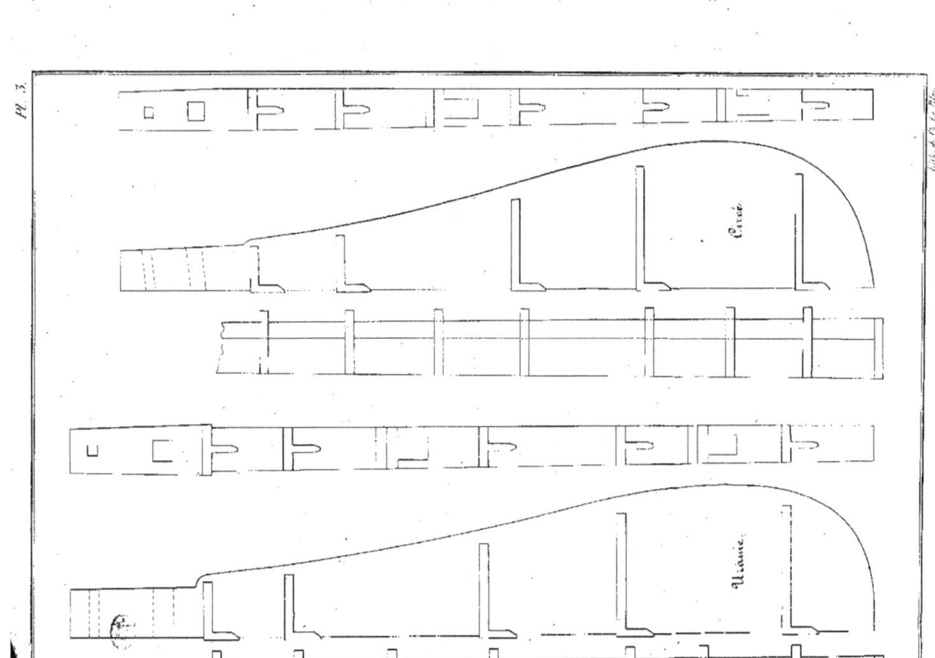

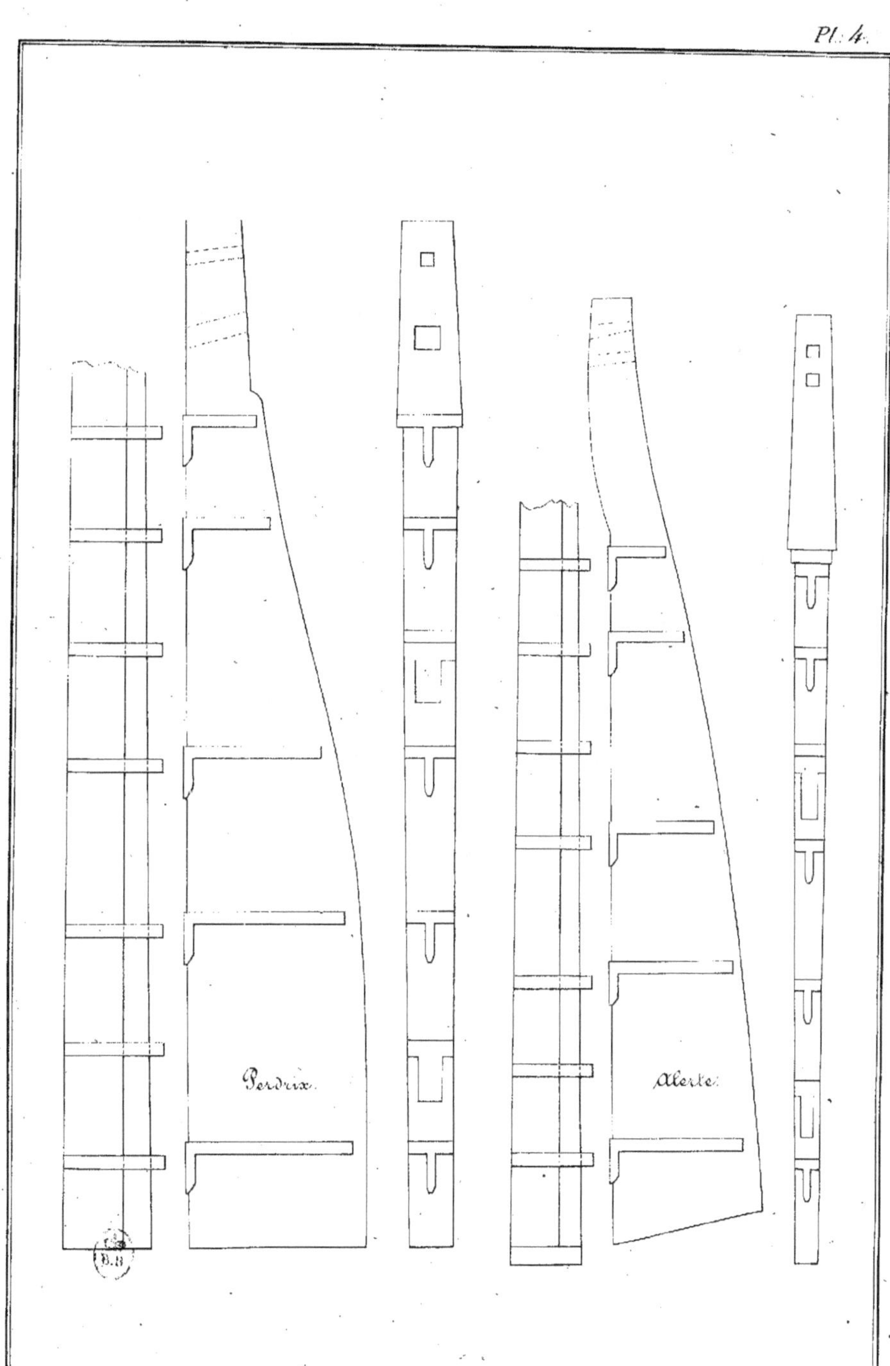

Perdrix.
Alerte.

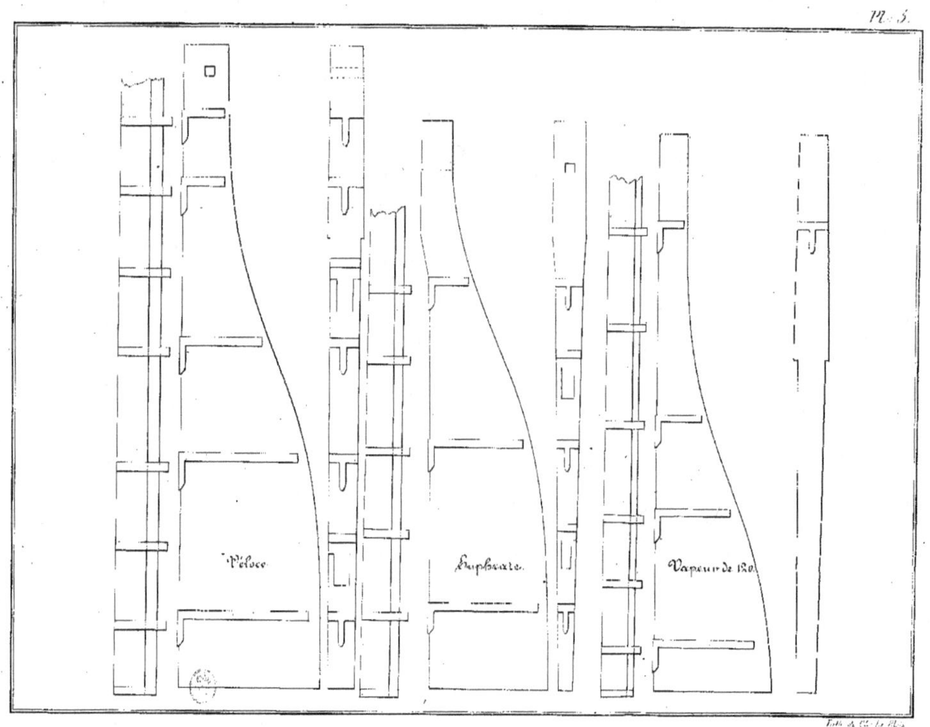
Véloce.
Euphrate.
Vapeur de 120.

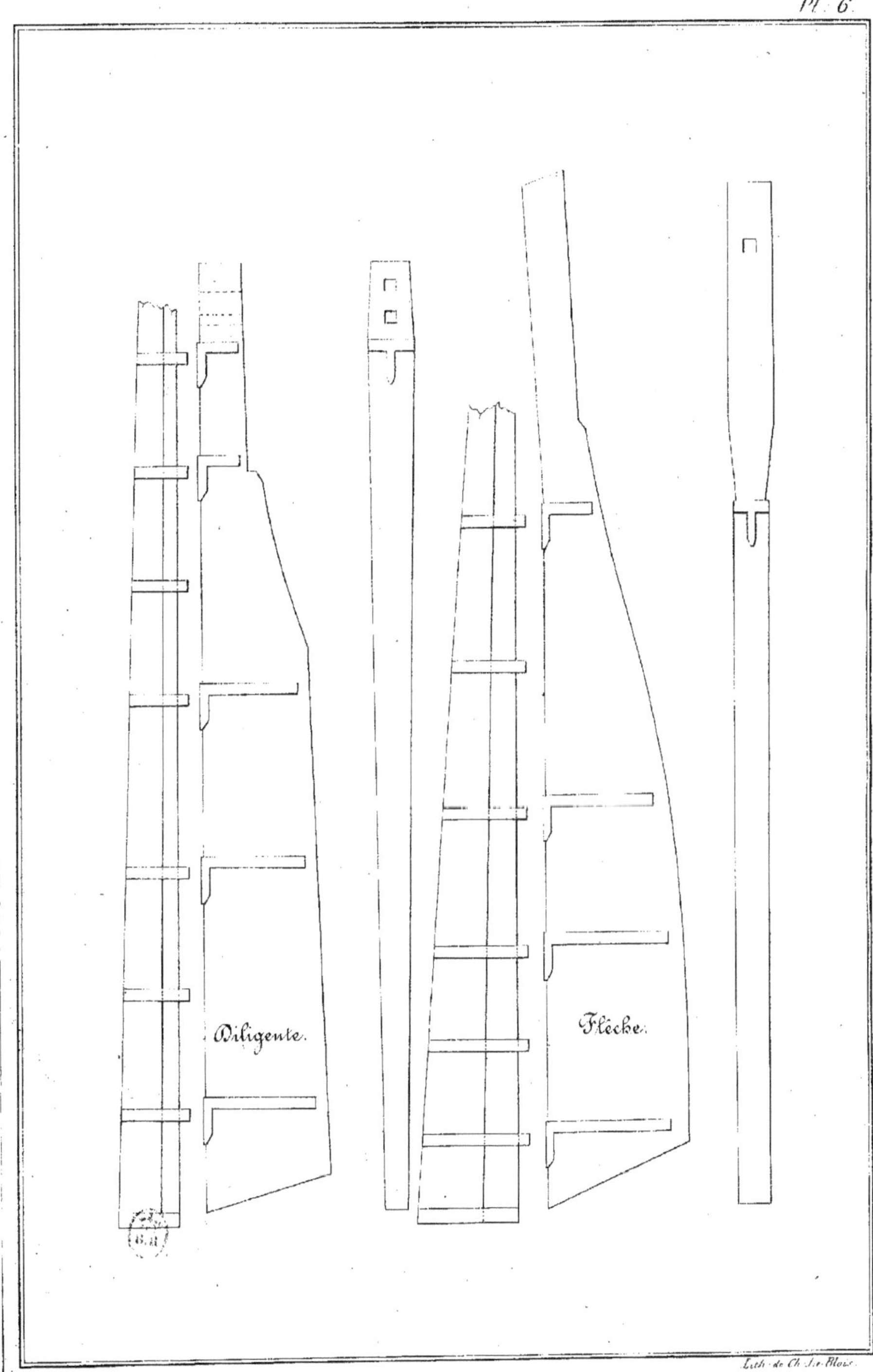
Diligente.
Flèche.

Légende.

A et A', Pitons à fourches

1 et 2, Crocs des chaînes des pitons supérieurs

3 et 4, Crocs des chaînes des pitons inférieurs.

B et B', Rouleaux ou Supports des bras conducteurs

J et K, Pitons correspondans de la galerie

L et L, Roulies de l'appareil

C et C', Conducteurs de la tête du gouvernail

D et E, Bras conducteurs des pitons supérieurs.

F et G, Bras conducteurs des pitons inférieurs.

N S P et Q, Pitons correspondans qui servent à exciter les galons que l'on fixe sur les bras conducteurs. On s'imagine qui servent à tordre les chaînes conductrices et à faciliter le mouvemens des conducteurs.

Lith. de J. de les Frères.

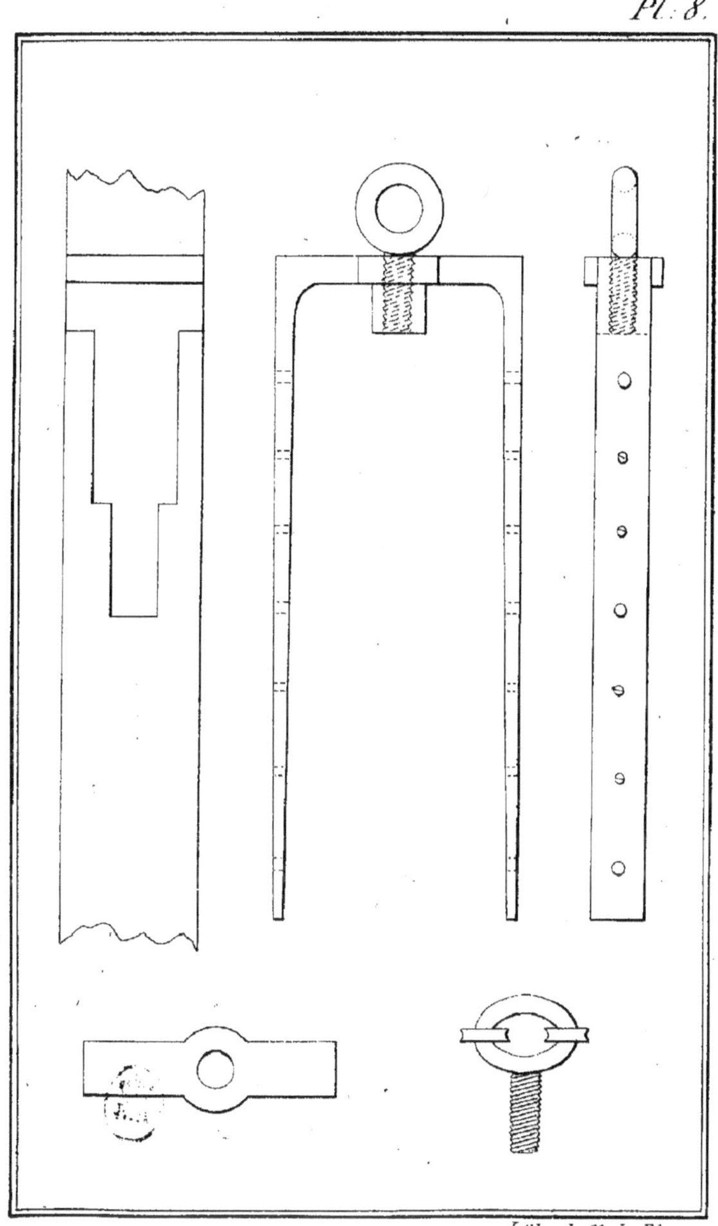

LÉGENDE DE LA PLANCHE 9.

1, 1. Bordages formant l'enveloppe de la mèche.

2, 2. Bouts de bordage formant l'intérieur de la mèche.

3. Trou de la barre.

4, 4, 4, 4, 4, 4, 4. Bouts de bordage formant l'intérieur du safran.

5, 5, 6, 6. Bordages extérieurs du safran.

7, 7, 7, 7, 7. Cercles servant à consolider la mèche du gouvernail.

8, 8, 8, 8, 8, 8. Ferrures du gouvernail correspondant à celles de l'étambot.

9. Ferrure des sauve-gardes.

10. Ferrure pour la retenue du gui.

11, 11. Pitons des bras conducteurs.

12. Piton de roulis.

13. Boucles des étrieux.

14. Piton de tête du gouvernail.

Les petits ronds indiquent le chevillage des pièces du gouvernail.

LÉGENDE DES PLANCHES 10 ET 11.

1. Vergue de hune.

2, 2, 2. Poulies de guinderesse.

3, 3, 3. Guinderesse de mât de hune.

4, 4. Orin servant de pendeur ou maroquin.

5. Palan d'étai

6, 6. Palans de bout de vergue.

7, 7. Palans de bout de la vergue en bataille.

8. Bridure de la vergue de hune au mât d'artimon.

9, 9. Caliorne de bas-mât qui sert à enlever le gouvernail.

10. Erse baguée au-dessus de la draille du foc d'artimon.

11, 11. Le gui.

12, 12. Bouts-dehors de bonnette basse passant par les fenêtres de la grande chambre.

13. Bout de franc funin qui marie les extrémités des bouts-dehors.

14. Faux bras de grande vergue servant de bras.

15, 15. Palans servant de balancine aux bouts-dehors.

16, 16. Palans servant de sous-barbe.

17, 17. Gouvernail de rechange.

18. Poulie de faux bras de basse-vergue.

19. Faux bras de basse-vergue, retenue du gui.

20. Piton supérieur du gouvernail.

21. Piton inférieur du gouvernail.

22. Piton inférieur de l'étambot.

23. Piton supérieur de l'étambot.

24, 24. Bras conducteurs du gouvernail.

25. Guinderesse passant par la jaumière frappée sur le piton de tête du gouvernail.

26, 26. Conducteurs de la tête du gouvernail.

27. Balancine du gui.

28, 28. Palan de bout du gouvernail de rechange.

29, 29. Palans servant à contretenir le gouvernail contre les mouvements du roulis.

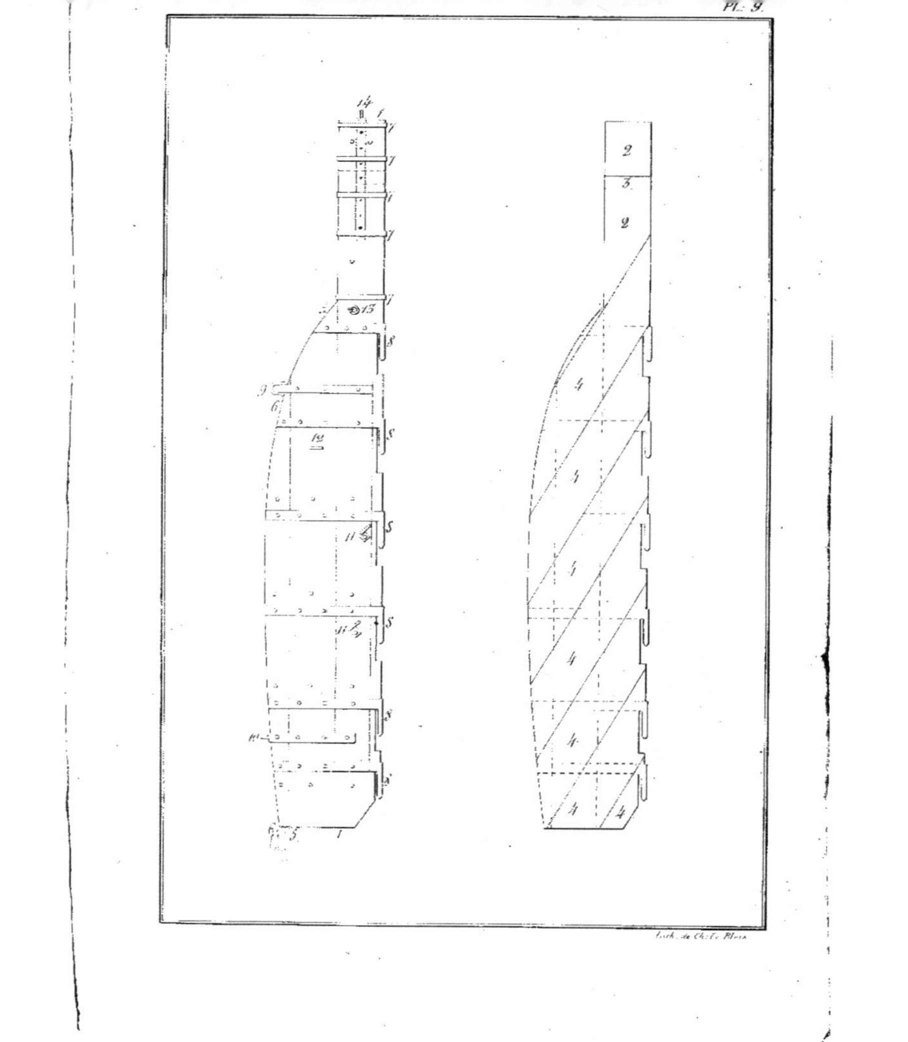

Pl. 9.
Lith. de Ch. Co. Plein.

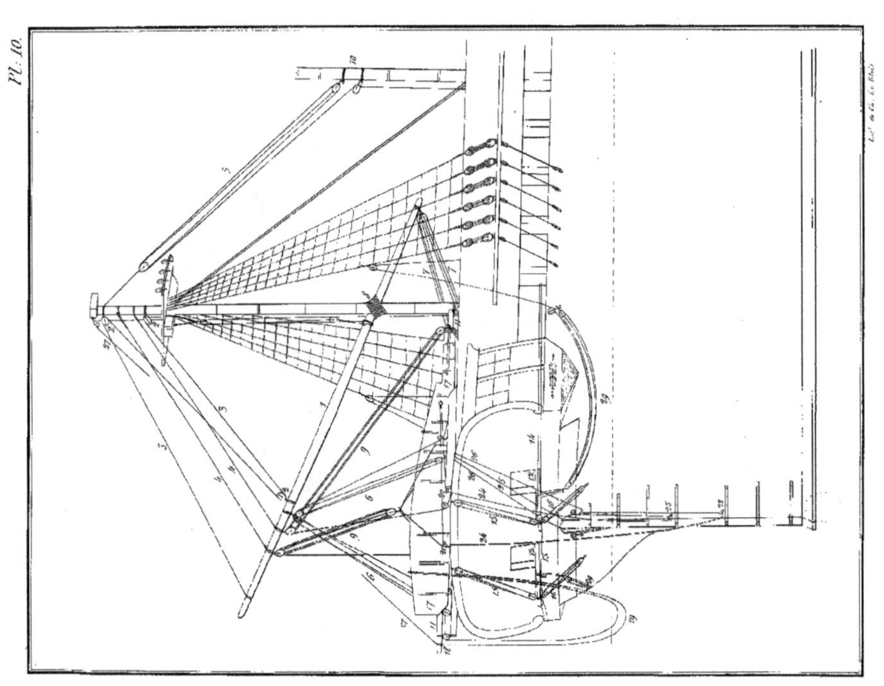

Pl. 10.

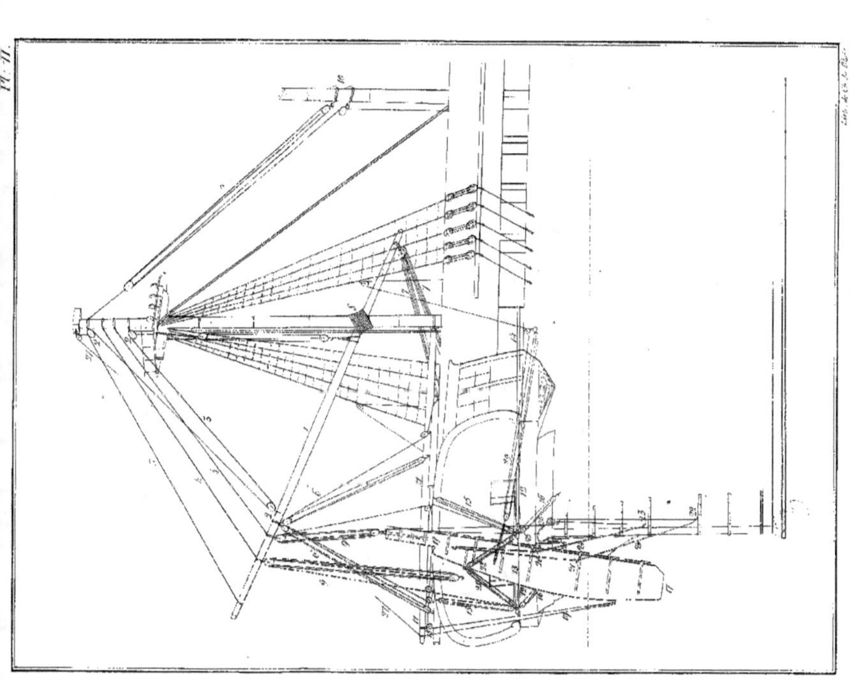

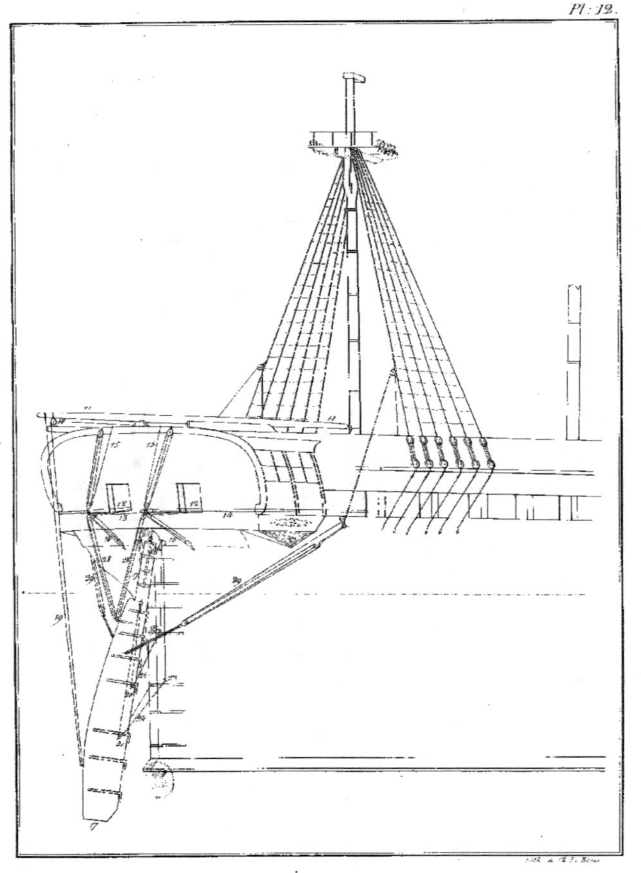

Pl: 12.

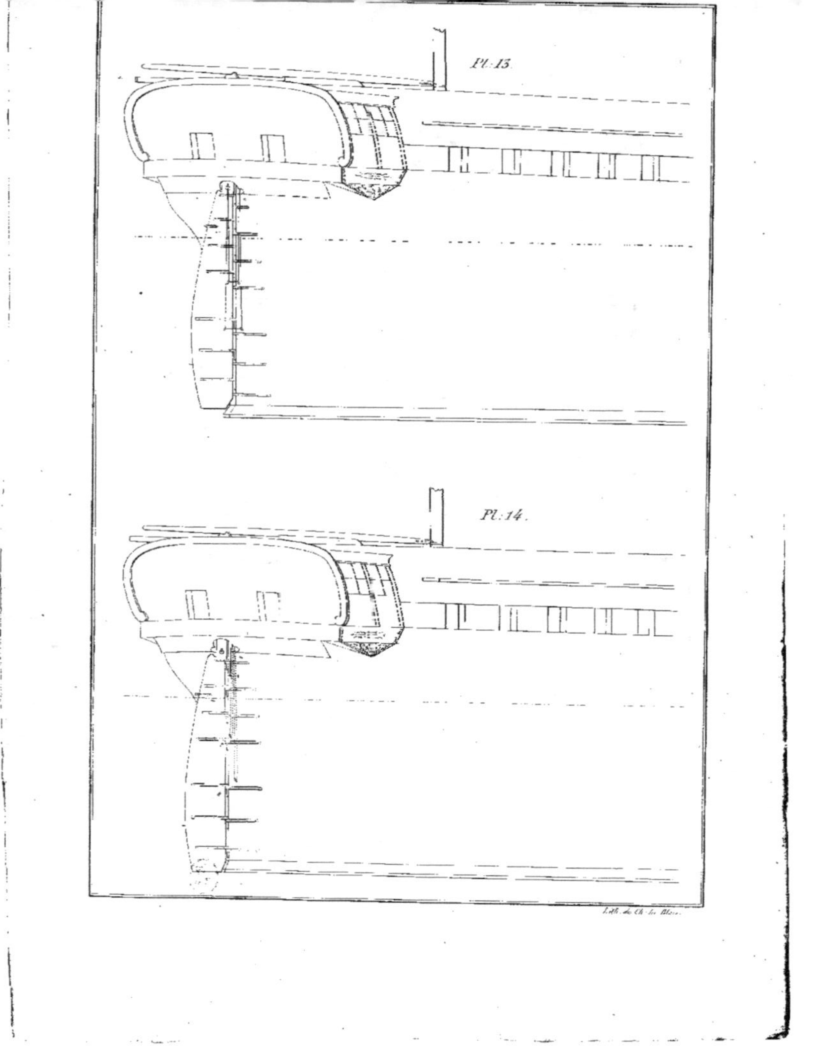

Pl. 13.
Pl. 14.
Lith. de Ch. Le Blanc.

LÉGENDE DE LA PLANCHE 15.

1. Piton de l'étambot.
1'. Piton pour conducteur de tête.
2 et 2'. Pitons du gouvernail.
5. Pitons de roulis.
4, 4, 4, 4. Pitons à fourche pour maintenir les chaînes conductrices contre l'étambot.
5. Piton crapaudine.
6. Piton à vis à bois pour brider les les chaînes contre l'étambot.

7. Crapaudine.
8. Anneau poire.
9. Chaîne conductrice.
10. Anneau rond.
11 et 12. Écrous des pitons du gouvernail.

NOTA. — *Pour les bateaux à vapeur, il faut, pour trouver les dimensions de l'appareil, comparer leur gouvernail à à ceux des bâtiments à voiles.*

DÉSIGNATION des NAVIRES.	DIMENSIONS DES PITONS						Pour les conducteurs de tête, diamètre intérieur du piton.	Poulies d'appareil pour les bras conducteurs, largeur des clans.
	DE L'ÉTAMBOT.			DU GOUVERNAIL.				
	Diamètres intérieurs.	Épaisseur de l'œil.	Épaisseur de la tige.	Diamètres intérieurs.	Épaisseur de l'œil.	Épaisseur de la tige.		
Vaisseaux de 1er et de 2e rang. . .	0,136	0,050	0,055	0,082	0,050	0,055	0,122	0,064
Id. de 3e rang..	0,130	0,048	0,053	0,076	0,048	0,053	0,120	0,062
Id. de 4e et frégates de 1er rang. .	0,120	0,045	0,050	0,076	0,045	0,050	0,110	0,060
Frégates de 2e rang.	0,112	0,043	0,048	0,072	0,043	0,048	0,102	0,056
Id. de 3e rang..	0,105	0,040	0,045	0,070	0,040	0,045	0,095	0,054
Corvettes à gaillard.	0,095	0,038	0,043	0,068	0,038	0,043	0,090	0,052
Id. de charge.	0,095	0,038	0,043	0,068	0,038	0,043	0,090	0,052
Id. sans gaillard.	0,090	0,035	0,040	0,066	0,035	0,040	0,085	0,048
Bricks de 20 et de 18.	0,084	0,034	0,038	0,060	0,034	0,038	0,080	0,043
Gabares de 4 à 500 tonneaux. . .	0,084	0,034	0,038	0,060	0,034	0,038	0,080	0,043
Corvettes-avisos et bricks de 16. .	0,080	0,032	0,035	0,056	0,032	0,035	0,075	0,038
Gabares de 580 tonneaux. . . .	0,080	0,032	0,035	0,056	0,032	0,035	0,075	0,038
Bricks-avisos.	0,076	0,030	0,033	0,052	0,030	0,033	0,072	0,036
Gabares de 250 à 500 tonneaux. .	0,076	0,030	0,033	0,052	0,030	0,033	0,072	0,036

Les pitons crapaudines sont de la même dimension que ceux du gouvernail de rechange.

Les chaînes conductrices pour les vaisseaux et les frégates de tout rang sont de 0,010 millimètres d'épaisseur de maille ; pour les corvettes, de 0,008, et tous les navires au-dessous, de 0,005. L'anneau poire indique le bout de l'arrière des chaînes conductrices, et l'anneau rond celui de l'avant.

Les pitons à fourche sont de 0,030, 0,025, 0,020, suivant les chaînes que l'on emploie.

Les pitons n° 6 sont de 0,040, 0,035, 0,030, suivant l'espèce de navire, comme les chaînes conductrices.

Pl. 15.

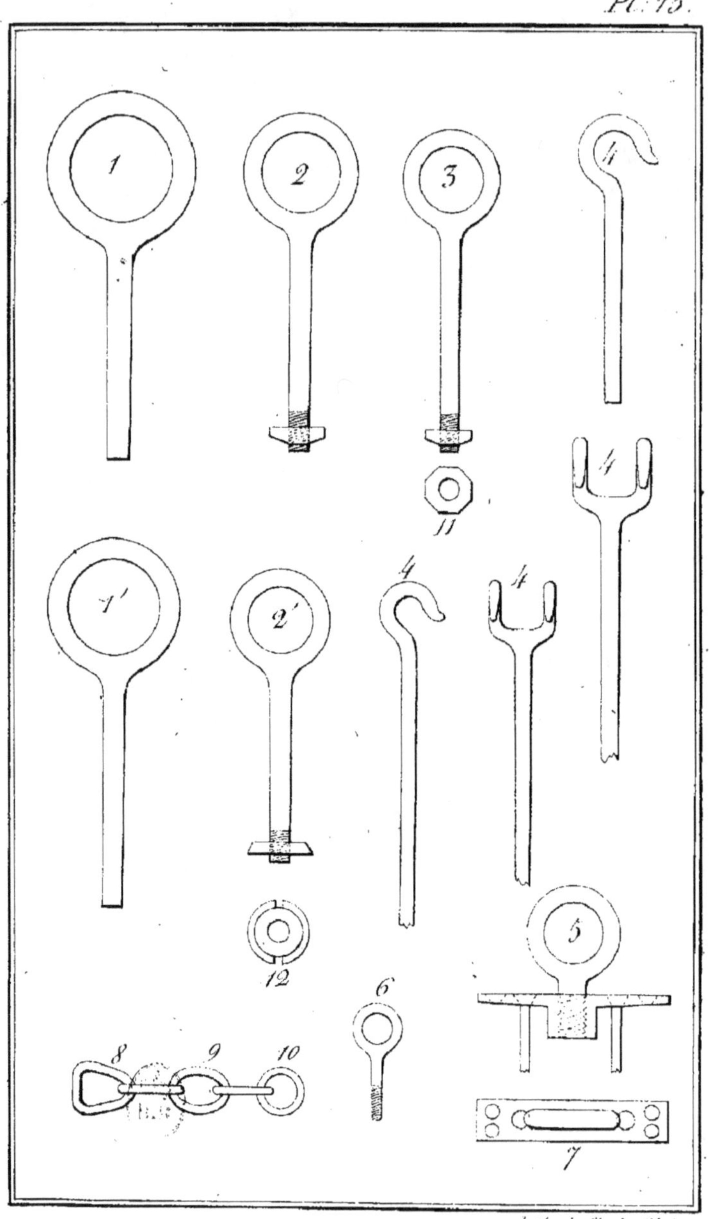

Lith. de Ch. Le Blois.

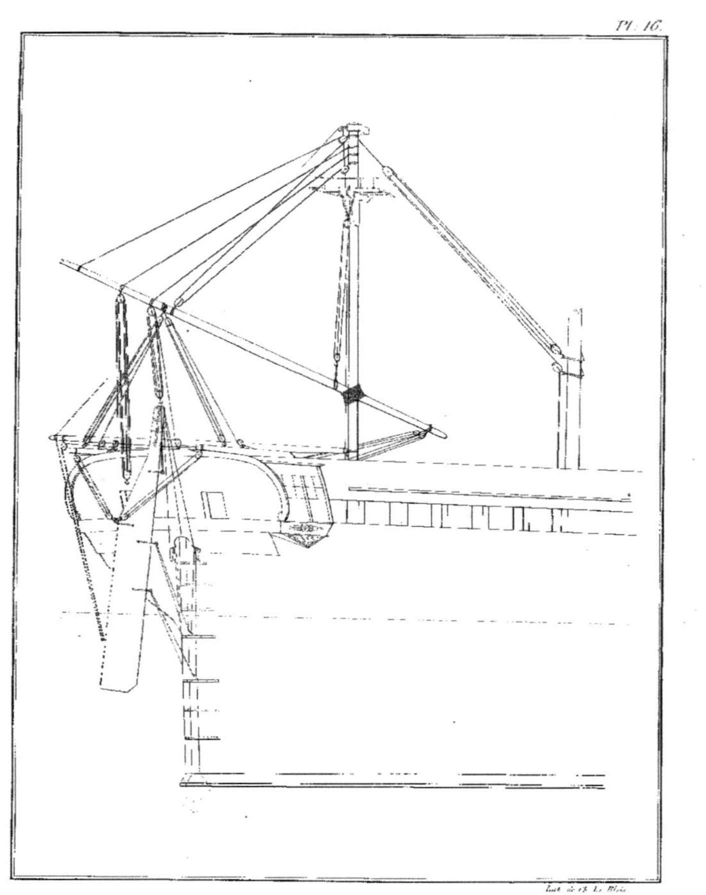

Pl. 16.
Lith. de L. Blois.

Pl. 17.

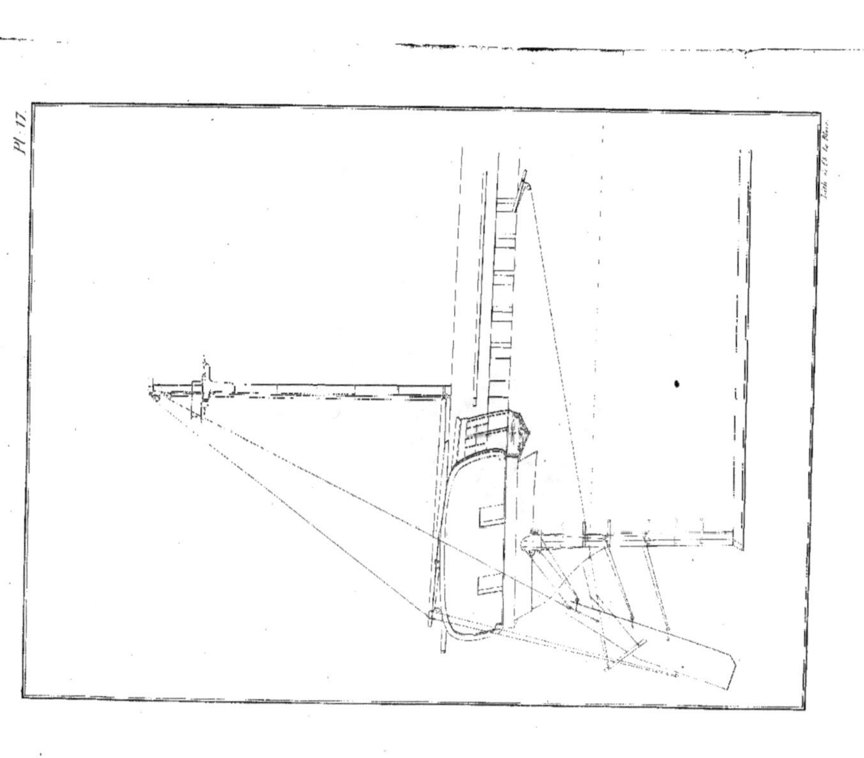